얇지만 흥미로운 이 책은 바울 읽기를 위한 일종의 영점 조정에 해당한다. 전반부에서 저자는 농익은 학자의 눈길로 바울이 속했던 교회, 그가 속했던 신앙적 전통, 그리고 그와 그의 신자들이 살았던 당시의 세계에 관해 간략하지만 핵심적인 사항들을 상기시켜준다. 그리고 후반부에서는 신약성경 자체로부터 오늘에 이르기까지 우리가 바울을 해석해온 결정적 맥락들을 되짚어본다. 이 책은 바울과 관련한 핵심 사실들을 재확인하고, 그를 바라보는 해석의 관점과 맥락을 더불어 돌이켜 봄으로써, 오늘 우리의 세계에서 그 옛날 바울을 이해하려는 우리의 노력을 한결 선명하게 만들어준다. 저자의 판단이 항상 정답은 아닐 수 있지만, 그럼에도 불구하고 이 책이 주는 배움과 깨달음은 크다. 많은 독자들에게 일독을 권한다.

권연경 | 숭실대학교 신약학 교수

독자들은 하루 만에 이 책을 흥미롭게 다 읽을 수 있다. 또는 이 책의 간략한 서술 배후에 놓인 학문적 배경을 점검하며 한 달 동안 진득하게 완독할 수도 있다. 전자의 읽기는 바클레이의 역동적인 바울 스케치를 전체적으로 감상하는 길이고, 후자의 읽기는 이름 높은 학자의 스케치 하나하나의 획에 담긴 의미를 길어 올리는 것이다. 평신도나 전문 학자 가릴 것 없이 어떤 읽기를 하더라도 유익하다.

김학철 | 연세대학교 학부대학 교수

바울을 모르고는 기독교도, 서양문명도 이해할 수 없다. 바울의 영향은 넓고 깊다. 그런 만큼 바울에 대해 간단한 책을 쓰기는 어렵다. 바울에 대한 해석이 다양하기도 하고, 뜨거운 논쟁이 진행 중이기도 하기 때문에, 어려움은 더해진다. 그래도 쓰고 싶다면 무성한 잔가지를 제하여 밑동만 남겨놓고 이것이 원 바울(the original Paul)이라 하는 방법을 생각할 수 있다. 그러나 이 책은 정반대 방향으로 간다. 2000년 동안 쌓인 바울 해석이라는 웅장한 나무 전체를 소묘하는 것이다. 바클레이는 이 일에 성공하고 있다. 짧지만 가볍지 않고, 평이하지만 피상적이지 않다.

박영호 | 한일장신대학교 신약학 교수

바울은 초기 교회와 종교 개혁 때뿐만 아니라, 지금까지도 논란이 많은 인물이다. 이 책은 바울의 사상이 얼마나 강함과 약함, 부와 가난, 자유와 예속과 같은 극단적 양극성으로 가득하고 또한 역설적인 방식으로 용어의 의미와 가치의 순위를 뒤집는지를 보여준다. 이 책은 선교사이며 실천신학자인 바울의 다양한 신학들과 그가 남긴 역사 속의 위대한 유산을 쉽고 빠르게 이해할 수 있도록 조직적으로 정리한다. 요점과 핵심을 잘 짚고 있어 단숨에 읽을 수 있지만, 두고두고 읽고 싶게 만드는 책이다.

이민규 | 한국성서대학교 대학원 신약학 교수

『단숨에 읽는 바울』은 바울연구에 정통한 학자의 지식과 경험과 혜안이 조화롭게 응축된 결과물이다. 이 책이 바울 한 사람만을 설명한다고 지레 생각하면 오산이다. 오히려 이 책은 바울과 관련한 2000년 기독교 전통과 서구 역사 전체를 단숨에 꿰뚫어 보게 하는 묘한 마력을 지녔다. 분량은 짧지만, 다루는 범위와 무게는 넓고 무거운 묵직한 책이다. 바클레이는 바울의 주장과 그 바울에 대한 해석과 사상과 사조가 처음부터 지금까지 어떤 굴곡을 거쳐 흘러왔는지를 선명하게 보여준다. 이 책을 읽는 독자는 영국 성경학자 특유의 신중함과 세밀함을 맛볼 수 있을 뿐 아니라, 성경학자가 어떻게 성경과 역사와 세상을 읽고 가늠하는지를 덤으로 볼 수 있을 것이다.

이진섭 | 에스라성경대학원대학교 신약학 교수

얇지만 풍부한 지식과 통찰력으로 가득 차 있는 이 탁월한 책은 사도 바울 및 수십 세기에 걸쳐 형성된 그의 유산에 대해 괄목하리만큼 풍부하고 섬세하며 가독성이 높은 개론서로서 전혀 흠잡을 데가 없다.

데이비드 G. 호렐 | 영국 엑세터 대학교 신약학 교수

Paul

A Very Brief History

Copyright © John M. G. Barclay 2017
All rights reserved. This translation of *Paul: A Very Brief History* first published in 2017 is by arrangement with The Society for Promoting Christian Knowledge, London, England.
Translated and published by arrangement with The Society for Promoting Christian Knowledge through rMaeng2, Seoul, Republic of Korea.

This Korean Edition Copyright © 2018 by Holy Wave Plus, Seoul, Republic of Korea.

이 한국어판의 저작권은 알맹2 에이전시를 통하여 영국 SPCK와 독점 계약한 새물결플러스에 있습니다. 신저작권법에 의하여 한국 내에서 보호받는 저작물이므로 무단 전재와 무단 복제를 금합니다.

단숨에 읽는 바울

바울의 역사와 유산에 관한 소고

존 M. G. 바클레이 지음 | 김도현 옮김

새물결플러스

모든 학생에게 영감을 주는
모나 후커에게
바칩니다.

목차

연표 11

1부 / 역사

1장　초기 그리스도교 운동 안에서의 바울 15
2장　바울의 편지들과 그 역사적 정황들 31
3장　바울과 유대 전통 47
4장　로마 세계에 위치한 바울의 교회들 59
5장　바울의 초기 이미지들 73

2부 / 유산

6장　경전으로서의 바울 89
7장　아우구스티누스와 서구 교회 101
8장　개신교 전통 안에서의 바울 115
9장　유대교-그리스도교 관계 안에서의 바울 127
10장　사회-문화적 비평가로서의 바울 139

참고문헌 154

연표

?-30년경	예수
10년경-62년경	바울
312년	콘스탄티누스의 개종
354-430년	히포의 아우구스티누스
1225-1274년	토마스 아퀴나스
1483-1546년	마르틴 루터
1509-1564년	장 칼뱅
18세기 말부터	바울에 관한 현대의 비평

1부

역사

1장

초기 그리스도교 운동 안에서의 바울

바울은 유대인 지성인이자 순회 수공업자였으며 나사렛 예수에 관한 새롭고 파격적인 주장을 펼치는 선전가였다. 처음엔 그도 예수 운동을 격렬하게 반대했지만, 결국엔 비유대인들(이방인들)을 적극적으로 영입하며 이 예수 운동을 널리 전파하는 일에 앞장섰다. 그는 시리아에서부터 이탈리아에 이르기까지 지중해 북부 지역의 여러 도시에 걸쳐 교회들의 관계망(회중들)을 구축하고 활성화시켰다. 그는 곧 멸망한다고 여겼던 세상을 구하기 위해 끊임없이 여행하며 편지를 써 보냈다. 그는 자신이 세운 몇몇 교회로부터 버림을 받았고, 보수 성향의 예수 운동가들의 분노를 일으켰으며, 수많은 동족으로부터 반대를 받았고, 결국에는 로마 당국에 의해 죄수의 몸이 되었다. 그 결과 그의 많은 선교 계획은 이루어지지 못했고 마침내 로마에서 처형당함으로써 그의 삶은 이른 나이에 종말을 고하게 되었다. 그러나 그 시점에 이르러서는 그리스도인의 운동으로 알려진 이 운동은 이미 스스로 살아남을 수 있을 정도로 원기 왕성하게 되었다. 아울러 비유대인 신자들은 유대인들의 주요 관습들을 따르지 않아도 된다는 바울의 주장은 이 운동이 지속적으로 성장하고 다양한 문화에 적응하는 능력을 키워주는 데 크게 이바지했다. 더 나아가 바울은 실천적인 면뿐 아니라 사상적인 면에서도 뛰어난 재능을 보였으며, 그가 남긴 편지들을 통해 기독교 사상과 서구 문화에 엄청난 영향을 끼쳤고, 섬세하면서도 비옥한 신학의 유산을 남겼다.

바울이 남긴 유산의 파급력은 대단했다. 그가 남긴 유산은 무수히 다양한 초기 그리스도교의 주장들을 낳았으며 금세 수많은 "바울"이 생겨나고 그에 관한 수많은 전설이 생성되었다. 물론 그중에는 그에게 우호적인 것들도 있었고 그렇지 않은 것들도 있었다. 만약 어떤 역사학자가 "원 바울"(original Paul)을 복원하기를 원한다면 그는 자료들을 신중하게 검토하지 않으면 안 된다. 여기에는 역사의 보편적인 규칙들이 동일하게 적용된다.

첫째, 자료는 오래된 것일수록 좋다. 둘째, 일차 자료(바울 자신의 것)는 이차 자료(다른 사람이 그에 대하여 쓴 기록들)보다 더 중요하다. 셋째, 우리가 가지고 있는 모든 자료들은 나름대로 "편견"을 가지고 있다. (편견이 없는 사람은 우리들 중에도 없듯이) 전혀 편향적이지 않은 자료는 존재하지 않는다. 당대의 자료 중에서 그리스도교 운동 밖에서 생성되어 지금까지 보존된 바울에 관한 자료는 하나도 남아 있지 않다. 그리스도교 사료 중에서 가장 오래되고 중요한 사료는 그가 직접 쓴 편지들과 그의 선교 사역을 칭송하는 내용을 담고 있는 사도행전뿐이다. 이 책은 아마도 바울이 죽은 후 약 20-30년이 지난 후에(즉 기원후 80-90년대에) 기록되었을 것이다. 초기 교회의 역사를 고대 사료 편찬의 관점에서 기술하는 사도행전은 다양한 사료와 전승들을 두루 섞어 수사학적 효과를 내며 흥미진진한 이야기로 풀어낸다. 비록 우리가 나중에 "바울의 초기 이미지"(5장)를 다루면서 다시 사도행전으로 되돌아오겠지만, 여기서 한 가지 유의할 점은 역사학자에게 있어 사도행전은 바울이 직접 쓴 편지보다 사료로서의 가치가 떨어진다는 점이다.

그렇다면 어떤 편지들이 바울이 직접 쓴 것일까? 물론 바울과 세네카 사이에 오갔다는 뻔한 허구의 서신들이나 또는 꾸며

진 것이 확실한 고린도삼서는 바울의 친서 목록에서 제외되어야 할 것이다. 2세기 중반에 이르러서는 열세 편의 편지가 바울의 친서로 간주되었는데, 신약성경에서 바울을 저자로 명시하는 열세 편의 편지가 바로 그것이다. (나중에 "히브리서"라는 이름으로 신약성경에 포함된 작품도 종종 바울의 친서로 알려지긴 했지만, 사실 이 작품은 바울만큼이나 창의력을 지닌 익명의 저자의 글이다.) 이 열 세 편의 편지는 거의 대부분의 기독교 역사에서 그리고 오늘날 대부분의 그리스도인들에게 바울의 저작으로 받아들여지지만, 현대 역사비평이 시작된 이후부터는(즉 18세기 이후부터) 이 편지들을 포함한 모든 고대 문서는 원저자와 기원에 대한 비판적인 질문들을 감수해야만 한다. 우리는 다음 장에서 현대 학자들이 바울의 편지 중에서 어떻게 "친서"와 "위서"(또는 "제2의 바울 서신")를 가려내는지에 대해 논의할 것이다. 그러나 일단 우리는 대다수 현대 역사학자가 바울의 편지 중에서 데살로니가전서, 고린도전서, 고린도후서, 갈라디아서, 빌레몬서, 빌립보서, 로마서 등 단 일곱 편의 편지를 통해서만 그의 진정한 목소리를 들을 수 있다고 주장한다는 사실에 유의할 필요가 있다. 따라서 우리는 바울의 삶과 사상을 역사적으로 재구성하기 위해 오직 이 일곱 편의 편지만 주요 일차 자료로 사용할 것이다.

예수의 죽음 이후(기원후 30년대 초) 그의 몇몇 제자는 하나님이 그를 죽은 자들 가운데서 다시 살리셨다고 선언하며, 그들이 그동안 예수에 대해 그리고 유대 성경과 여러 전통에 대해 생각했던 모든 것을 완전히 다른 관점에서 보게 만든 예수의 부활 경험을 선포하기 시작했다. 이 그룹의 넘치는 활동력을 비롯해서 예수가 유대인이 고대하던 메시아(그리스도)이자 이 세상의 주님이라는 그들의 심상치 않은 주장은 예루살렘에 사는 유대인들 가운데서 엄청난 논란을 불러일으켰다. 그러나 유대인 신자들이 이 메시지를 여러 이웃 도시에 있는 회당에서 전파했을 때에는 전혀 다른 차원의 논란이 일어나게 되었다. 이 유대 공동체 안에 또는 그 주변에는 유대교에 우호적이었던 비(非)유대인들(때로 "하나님을 경외하는 자"라고 불림)도 함께 있었는데, 이들은 이 유대 공동체 및 그 전통을 존중하긴 했지만 유대교로 개종할 만큼 유대교 율법에 온전히 헌신된 자들은 아니었다(남자들은 그렇게 하려면 할례를 받아야 했다). 이들에게 예수에 대한 메시지는 상당히 매혹적이었던 것으로 보인다. 이 메시지는 오직 한 분이신 참 하나님이 "주 예수"의 삶과 죽음과 부활을 통해 행하신 일을 신뢰(trust)할 때 주어지는 구원을 선포했다. 또한 이 메시지는 신자들에게 하나님의 백성이 되는 길과 간소한 정결 의식("세례")을 통한 구원의 소망을 약속했다. 아울러 이 메시지는 여러 기적을 통해 역사하시는 예수의 임재와, 성령의 사역을 통해 역사하시는 하나님의 능력을 새롭게 경험하게 해주었다.

이 시점이 바로 바울이 초기 교회 역사에 등장하는 시기다(기원후 30년대 중반). 바울 자신의 증언에 의하면 그는 다메섹과 그 주변에 있던 예수 운동 공동체를 "멸하려는" 노력에 적극적으로 가담하고 있었다. 그는 그 이유를 그의 조상의 유대 전통에 대한 열심 때문이라고 설명한다(갈라디아서 1:13-14; 빌립보서 3:5-6). 그는 아마도 길리기아 속주의 다소(오늘날 터키 남동부) 출신이었고, 유대인 부모를 두었으며(히브리인 중의 히브리인), 유대 교육을 받아 그리스어로 번역된 유대 성경에 관해 백과사전적인 지식을 습득했을 것으로 보인다. 이 교육의 일부를 예루살렘에서 받았을 가능성도 제기되지만(사도행전 22:3에서 주장하듯이), 바울은 디아스포라 공동체(고향땅 밖에 흩어진 유대인 공동체)와 매우 친숙했다. 실제로 이 공동체는 알렉산드리아, 안디옥, 다메섹 등지에 상당히 크고 잘 자리를 잡은 헬레니즘적 유대인들의 공동체였다. 바울은 자신을 바리새인으로 묘사한다(빌립보서 3:5). 바리새 운동은 토라(유대 율법)를 정확히 해석하기로 정평이 나 있었다. 그가 다메섹에서 예수 운동과 맞닥뜨렸을 때 그 운동의 무언가가 바울을 격분하게 만들었다. 아마도 그것은 이미 로마인들에 의해 십자가형을 당해 이제는 실패한 하찮은 반역자로 판명이 난 예수에 관한 충격적인 주장들 때문이었을 것이다. 또는 그것은 아마도 예수 운동이 비유대인들을 영입하여 그들을 온전한 하나님의 백성으로 취급했기 때문일 수도 있다. 이러한 주장은 토라의 가르침에 반할 뿐 아니라, 바울이 귀히 여기던 조상의 유전에도 반하는 것이었다.

그래서 예수 운동을 처음으로 직면했을 때 바울은 그 운동과 정면으로 대립했던 반대자였다. 비록 그는 예수를 직접 만나보지는 못했지만, 이 운동에 반대하는 것이 하나님을 향한 자신의 충성심을 온전히 표현하는 것이라고 확신했다. 그 이후 그에게 일어난 일은 그의 내면에서 일어났던 심리적 긴장이 해소된 것도 아니었고, 죄책감에 싸인 그의 양심이 구원받은 것도 아니었으며, 오직 자신이 그동안 세상과, 자신과, 옳고 그름과, 그리고 자신이 섬기던 하나님에 관해 가지고 있었던 생각에 대한 대혁명이었다. 그는 그가 다메섹에서(혹은 그 근방에서) 경험했던 사건을 하나의 "계시"라고 부르는데, 그는 그 계시를 통해 부활하신 예수를 보게 된다(갈라디아서 1:15-16; 고린도전서 15:8-10). 그는 이제 이 사건을 통해 예수가 정말 "주님"이라는 확신을 얻게 되었다. 그는 이제 하나님이 예수를 통해 이 세상을 통치하시며 그의 죽음과 부활 안에서 세상을 구원하기 시작했다는 사실을 굳게 믿게 되었다. 바울은 이 사건, 즉 "다메섹 도상의 경험"을 통해 그의 삶과 그의 충성심의 대상이 근본적으로 완전히 바뀌는 삶의 대전환을 경험하게 되었다.

우리는 그 계시 이후 즉각적으로 바울의 사고에 일어난 모든 변화를 지금 이 자리에서 다 추적할 수는 없다. 왜냐하면 현재 남아 있는 그의 첫 번째 편지(데살로니가전서)가 그 일로부터 10년 이상 지난 이후에 기록되었기 때문이다. 그러나 바울이 나중에 서술하듯이 이 사건은 하나님의 은혜로 주어진 그의 소명이었다(갈라디아서 1:15; 고린도전서 15:10). 그의 서술은 이사야서에 나타난 "야웨의 종"의 파송(commissioning, 임명) 장면을 연상시키는데(이사야 49:1-6), 이 종의 사명은 비유대인들에게 복음을 전파하는 바울의 소명(갈라디아서 1:16)과 마찬가지로 "열방"(혹은 이방인)을 끌어안는 것이었다. 그러나 바울에게 있어 "소명"은 파송 혹은 임명 그 이상의 의미를 갖는다. 왜냐하면 그는 이 단어를 우리가 흔히 사용하는 "회심"(conversion), 즉 하나님과의 새로운 관계의 시작이라는 의미로 사용하기 때문이다(고린도전서 1:26; 7:17-24; 갈라디아서 1:6). 바울은 (현대 용어로) "종교를 바꾼다"

는 의미에서 "개종"(convert)한 것이 아니다. 왜냐하면 그를 "부르신" 하나님은 그가 항상 섬겼던 분과 동일하신 하나님이었기 때문이다. 그러나 이 사건은 바울 자신이 따르던 그 전통에 대한 이해를 완전히 바꾸어놓은 대혁명적인 사건이었다. 왜냐하면 그는 이제 예수를 하나님의 모든 계획과 경륜의 중심이자 성취로 간주했으며, 그가 가지고 있던 성경을 다시 읽으면서 이 기쁜 소식에 대한 수많은 반향을 발견했기 때문이다. 또한 이 사건은 그의 도덕과 신학적 좌표를 완전히 바꾸어놓았다. 만약 그가 백 퍼센트 옳다고 생각하며 교회를 박해했던 것이 이제 백 퍼센트 틀렸다면, 그리고 만약 하나님이 그와 같은 근본적인 죄에도 불구하고 그에게 그리스도를 계시하시고 그를 부르셨다면, 하나님이 주시는 은혜는 인간의 자격이나 가치에 근거해서 주어지는 것이 아니라는 사실이 분명해졌다. 이것은 너무나 놀라운 발견이었다. 왜냐하면 하나님의 가장 좋은 선물들은 받는 자들의 자격에 따라 이에 상응하는 방식으로 주어진다는 것이 일반적인 생각이었기 때문이다. 그런데 바울이 새롭게 발견한 것은, 만약 하나님의 호의가 **어떤 자격에 따라** 주어지지 않는다면, 이제는 그 호의가 어떤 인종적 기준에 의해 제한되지 않는다는 사실이다. 심지어 바울이 "우상숭배"와 도덕적으로 부끄러운 행위 때문에 철저하게 "죄인" 취급했던 비유대인들도 그 은혜를 경험할 수 있게 되었다. **받을 자격이 없는** 자들을 위한 하나님의 선물은 그리스도의 죽음 및 부활과 함께 주어졌고, 또한 그것에 근거하여 주어졌다. 왜냐하면 하나님은 십자가에 못 박힌 예수를 다시 일으켜 세우셨는데, 이는 사람의 언어로는 자격이 없다는 의미이며, 유대인의 언어로는 "저주받았다"(갈라디아서 3:13)는 의미이기 때문이다. 비록 바울이 예수의 가르침을 재차 반복하는 데에는 별 관심을 보이지 않지만, 그의 사상은 예수의 십자가와 부활 때 일어난 위대한 반전을 중심으로 이루어져 있으며, 이러한 반전은 그 자신 안에서도 동일하게 일어났다. 그는 이와 관련하여 갈라디아서에 이렇게 쓴다. "나는 그리스도와 함께 십자가에 못 박혔습니다. 이제 사는 것은 내가 아닙니다. 내 안에 그리스도께서 사십니다"(갈라디아서 2:20).

우리는 바울이 다메섹 경험 이후 어디로 갔는지 어느 정도는 추적할 수 있지만, 그의 연대기를 완벽하게 재구성하는 것은 불가능하다. 바울은 자신의 이야기를 단지 일부분만 서술하고, 사도행전의 이야기도 바울의 서술과 항상 일치하지 않기 때문에, 우리가 어느 정도까지 사도행전의 이야기를 신뢰할 수 있는지는 불분명하다. 바울은 처음에는 바나바와 팀을 이루어 안디옥

(시리아 지방)과 그 주변에 그리스도인 공동체를 여럿 세웠다. 아마도 이 공동체의 일부는 유대인 회당 범위 안에 세워졌고 또 다른 일부는 그 범위 바깥에 세워졌을 것으로 보인다. 그런데 이들의 사역이 예루살렘 교회 중에서도 더 전통적인 성향을 지닌 구성원들에게 알려지면서 논란이 일기 시작했지만(그 이유에 대해서는 3장에서 다룰 예정임), 예루살렘에서 열린 공회에서 일종의 타협이 이루어짐으로써 비유대인 남자들이 할례를 받지 않고도 계속 이 공동체로 영입될 수 있게 되었다(갈라디아서 2:1-10). 그러나 이러한 타협은 오래 지속되지 못했다. 안디옥에서 분쟁이 일어나면서 비유대인들을 대상으로 진행되었던 바울의 선교 사역은 비난을 받게 되었고, 바울 자신도 베드로와 강하게 부딪히고 말았다(갈라디아서 2:11-14). 그 이후 그는 아마도 안디옥에 있던 지지 기반을 잃게 되었고, 다른 동료들(디도, 디모데, 실루아노/실라)과 함께 갈라디아와 아시아(오늘날 서부 및 중앙 터키)를 거쳐 꾸준히 서쪽으로 이동하며 마게도냐와 그리스까지 진출하게 되었다. 그는 여행을 계속하면서 때로는 유대인 회당에서, 때로는 그의 직업(가죽 가공업?)의 일터에서 생생하고 긴박한 언어로 고객들과 동료 직공들에게 예수에 관한 기쁜 소식을 전했다. 갈라디아, 골로새, 에베소, 데살로니가, 빌립보, 고린도 등

을 비롯한 여러 도시에는 소수의 신자 모임들이 형성되었고, 이 모임들의 모습은 지금까지 보존된 바울의 편지들에 생생하게 묘사되어 있으며 기억 속에서 사라진 부분도 있다. 그 교회들은 개인 가정이나 가게에서 모였는데 아마도 30명 이내의 신자들로 구성되었을 것으로 보인다.

바울은 한곳에 머무르지 않고 쉴 새 없이 움직였던 선교사였다. 그 이유 중 하나는 예수가 그가 살아 있는 동안에 다시 돌아와 역사를 마무리할 것이라고 기대했기 때문이다(데살로니가 전서 4:13-18). 그를 통해 복음을 들은 대부분의 개종자들은 비유대인 출신이었는데, 그는 예수 운동이 예루살렘을 중심으로 한 유대인 신자들과, 인종적으로뿐만 아니라 헬라화된 동로마 제국에서 살고 있는 자신이 세운 교회 신자들로 인종에 따라 서로 갈라지는 것을 염려하기 시작했다. 따라서 그는 그의 교회들로부터 상당한 액수의 헌금을 모아 예루살렘의 가난한 자들을 위한 구제 헌금을 전달하는 묘안을 생각해냈는데, 그는 이 선물(모든 고대의 선물들과 마찬가지로)을 통해 사회적 연대를 형성하고 예수 운동을 하나로 결속시키리라 기대했다. 그러나 돈을 모으는 일은 그가 기대했던 것보다 훨씬 더 어려웠다. 그 이유 중 하나가 바로 그가 세운 교회 중에서 가장 성공적이었던 고린도 교회가 그에 대한 신뢰를 철회했기 때문이다. 하지만 결국 그는 50년대 중반에 이르러 충분한 액수의 헌금을 모금하게 되었다. 그는 자신의 선교 지역을 로마를 기점으로 해서 서쪽으로 더 확대해나가기를 원했고, 로마를 거쳐 스페인까지 가기를 원했다. 하지만 그는 이 선교 활동에 앞서 먼저 예루살렘에 헌금을 전달하기로 마음먹었는데, 동시에 과연 거기서 자신을 환영해줄지에 대해 상당한 우려감을 갖고 있었던 것도 사실이다(로마서 15:14-33).

그것은 사실 운명적인 결정이었다. 사도행전에 의하면 바울은 예루살렘 교회로부터 의심을 받았고 심지어는 완전히 적대적인 취급을 당했다. 따라서 예루살렘 교회는 바울이 모금해간 헌금을 거절했을 개연성이 높다. 아무튼 그는 예루살렘에서 소요를 일으킨다는 명목하에 로마 당국자들에 의해 체포되었다. 그는 그 이전에도 단기간 동안이긴 하지만 다른 곳에서도 투옥된 적이 있었으나, 이번에는 사법 절차가 꽤 길게 지연되었다. 수년간 가이사랴의 감옥에서 세월을 보낸 그는 로마 제국의 법정에 서기 위해 무장 군인들의 호위를 받으며 로마로 보내졌다. 그 이전에 헌금을 전달하기 위해 예루살렘으로 떠날 무렵, 바울은 로마에 있는 신자들에게 우호적인 언어로 자신이 하고 있는 선교 사역과 자신이 전하는 메시지를 소개하는 편지를 쓴 적이 있는데, 그들은 투옥 중인 그를 단 한 번도 직접 찾아가 만나 본 적도 없고 심지어 그에 대해 우호적이지도 않았던 것으로 보인다. 우리는 바울이 로마에 도착한 이후 그에게 어떤 일이 벌어졌는지 알 수 없다(사도행전은 이 시점에서 아주 모호하게 이야기를 끝낸다). 하지만 그는 아마도 64년에 일어난 로마 대화재 이후 네로의 박해로 인해 점차적으로 커져갔던 그리스도인들에 대한 의구심에 깊이 연루된 것으로 보인다. 사실 그의 재판은 예수 운동이 유대인 공동체 안에서 환영을 받지 못했기 때문에 유대인들이 그동안 누려왔던 특권과 면제 혜택을 그리스도인들에게 부여해서는 안 된다는 사실을 로마 당국자들에게 분명하게 각인시켜준 사건이 되었을 것으로 보인다. 바울은 아마도 반란죄 혹은 치안을 어지럽혔다는 죄목으로 60년대 초에 처형되었을 것이다. 그의 나이는 아마도 50대 초반이었을 것으로 보인다.

바울은 30년간 예수 운동이 발전하는 데 매우 중요한 역할을 감당했다. 이 기간은 예수 운동의 초기 단계로서 매우 중요한 형성기였고, 널리 전파되는 확장기였으며, 문화적 전환기였고, 내부적 논쟁이 일었던 시기였다. 바울은 그 모든 역학 관계에 깊이 연루되어 있었다. 그의 상대적 중요성은 평가하기 어렵다. 비록 그는 자기 자신을 유일하게 "이방인을 위한 사도"라고 부르며 소개하지만, 다른 사람들도 로마 세계를 돌며 "복음"을 전했다. 그가 로마에 있는 신자들에게 편지를 보냈을 때 그는 자기 자신을 다소 어색하게 그들의 사도로 소개해야만 했다. 왜냐하면 그는 로마에 있는 가정 교회 중 어느 하나도 세운 적이 없기 때문이다. 심지어 그는 자기가 세운 교회에서조차 다른 인물들이 상당한 권위를 행사하는 것을 감수해야만 했는데, 그를 어떤 이들은 그냥 받아들였지만(고린도에서 아볼로 같은 경우), 다른 이들은 치명적인 적으로 간주했고 심지어는 사탄의 일꾼들이라 부르기도 했다(고린도후서 11:15). 비록 그가 예수에 관한 메시지를 비유대인 지역에서 전파하는 유일한 사도는 아니었지만, 바울은 아마도 그중에서 가장 영향력이 크고 가장 명성이 높은 (긍정적인 면과 부정적인 면에서 모두) 사람이었을 것이다. 하지만 그 무엇보다 그는 초기 그리스도교 운동이 왜 비유대인의 세계로 퍼져나가야 하는지에 대한 분명한 유대적인(즉 성경적인) 근거를 제시해주었을 뿐만 아니라, 비유대인들이 유대인처럼 살지 않고서도 온전한 하나님의 백성("아브라함의 자손")으로 통합될 수 있다는 비유대인 선교에 대한 근거도 제시해주었다. 따라서 그는 이러한 기초를 다지는 단계에서 예수 운동이 이스라엘을 위한 하나님의 계획의 성취라는 정체성을 잃지 않으면서도 유대교와 비유대인의 세계를 가로막는 문화적인 경계를 뛰어넘는 데 있어 매우 중대한 역할을 담당했다. 바울이 지닌 에너지와 영향력이 없었다면 예수 운동은 비유대인 세계와 제대로 소통하거나 이방인들을 영입하지도 못하고 단지 논란만 크게 일으키고는 유대교 내에서 결국 실패한 한 종파로 남을 뻔했다. 혹 아니면 이 운동은 유대교 전통과 완전히 단절된 전 세계적인 예수숭배교가 되고 말았을 것이다. 바울의 창의적인 사상과 쉴 새 없이 움직였던 그의 사역은 주류 그리스도교 운동이 위의 경로 중 어느 하나로 나아가지 않도록 도와주었다. 오히려 그의 사상과 사역은 비유대인 신자들이 유대 사상과 문헌적 뿌리를 유지하면서도 그리스인, 시리아인, 크레타인, 이집트인, 로마인 등을 비롯해 궁극적으로 지구의 거의 모든 문화와도 사회적·문화적 공감대를 형성할 수 있는 운동으로 진입하게 하는 데 큰 몫을 담당했다.

2장

바울의 편지들과 그 역사적 정황들

바울과 관련된 것 중에서 지금까지 남아 있는 것은 바울의 편지뿐이다. 물론 어떤 이들은 그의 해골의 여러 부분을 소유하고 있다고 주장하기도 하지만 말이다. 아무튼 우리는 이러한 문학적 유산을 물려받은 것만으로도 정말 행운을 얻은 것이다. 우리는 이 편지들을 통해 바울의 생각과 그의 성품에 직접적으로 접근할 수 있게 된 것인데, 사실 우리는 초기 예수 운동에 몸담았던 어떤 인물보다도 그에 관해 훨씬 더 풍성한 정보를 접하고 있는 셈이다. 더 나아가 그의 편지들은 그의 교회들이 처해 있던 다양한 상황에 대응하고 있기 때문에 최초 1세대 그리스도교가 직면했던 도전들이 무엇인지를 파악할 수 있는 가장 고귀한 자료다. 또한 바울이 자신의 새로운 신학적 관점을 통해 이 도전에 대응했기 때문에 그의 편지들은 초기 그리스도교 안에서 가장 창의적인 사상을 반영한다. 또한 그의 사상은 요한복음과 더불어 후대 그리스도교 신학의 주된 기초를 형성하게 되었다.

여기서 한 가지 강조되어야 할 점은 바울이 신학 전문서를 쓴 것이 아니라 **편지들**을 썼다는 것이다. 다시 말하면 이 편지 중 그 어떤 것도 바울의 사상을 체계적(조직적)으로 정리한 내용을 담고 있지 않다는 것이다. 그러한 내용에 가장 가깝다고 볼 수 있는 편지인 로마서조차도 바울 사상의 일부만을 담고 있을 뿐이며, 이 역시 당시 정황과 수신자의 정황에 따라 기록된 것이다. 바울의 편지를 읽는다는 것은 제3자들 간에 오고간 우편물을 읽는 것과 같다. 바울은 한 순간에 한 장소만 생각할 수 있었기 때문에 그의 편지들은 후대를 위해 쓴 것이 아니며 현대의 청중을 위해 쓴 것은 더더욱 아니다. 시간이 흐르며 발전된 사상을 추적한다는 것, 즉 예를 들면 바울과 고린도 교회의 관계 같은 것은 역사학자에게 대단히 흥미로운 점이다. 하지만 각 편지가 지닌 특성은 그것이 어떤 것이든 간에 바울의 생각을 파악하는 일에 있어서는 매우 복잡한 문제로 떠오른다. 사실 이 편지들은 개별적으로 검토해보더라도 상당히 복잡하면서도 애매모호하다. 이 편지들이 수집되고 유통되며 (궁극적으로) 정경으로 채택되는 과정에서 이 편지들 간에 존재했던 차이점들은 이 편지들을 해석하는 데 있어 또 하나의 어려움을 더하는 결과를 초래했다. 왜냐하면 바울이 서로 다른 주제들을 다루고 있다는 사실은 차치하더라도, 그가 때때로 동일한 주제(예컨대 유대 율법)를 다른 방식으로 그리고 다른 관점에서 다루고 있기 때문이다. 이러한 사실은 그의 여러 서신이 상당한 기간에 걸쳐, 서로 다른 수신자에게 보내진 것이 사실이라면 극히 당연한 일이라고 할 수 있다. 역사학자가 신학자에게 반드시 상기시켜야 할 사항은 바로 바울이 상황 대응적(situational) 사상가라는 사실이다. 그는 의심의 여지없이 신학을 탐구한 사람이지만, 조직신학자라기보다는 실천신학자에 더 가깝다.

바울의 편지들은 그가 선교 계획을 짜고, 새 교회들을 세우며, 그 교회들이 자라나는 것을 걱정스럽게 바라보면서 추진한 그의 선교 및 그 네트워크가 남긴 잔여물(residue)이다. 대부분의 편지는 그가 직접 개척한 교회들에 보내졌다(로마서만 예외). 그는 이 편지들을 통해 그들의 질문이나 불평에 답변하거나, 반대자들을 공격하거나, 개종자들을 격려 또는 경고하기도 하고, 또

가르치기도 한다. 바울의 편지들은 우리가 보유하고 있는 고대 세계의 가장 생생한 서신들 중 하나다. 그의 편지는 메신저들과 대리인들을 통해 바울의 네트워크 간에 오고 간 소식들을 담고 있어서 개인적인 세부사항을 풍부하게 담고 있다. 대체적으로 이 소식들은 바울에게 구두로 전달되었지만(예를 들어 글로에의 식솔들에 의해, 고린도전서 1:11), 우리는 고린도 교회가 바울에게 보낸 편지에 대해서도 이미 알고 있다(고린도전서 7:1). 상대방에게 답신을 할 때면(보통 대필자의 도움을 받아, 로마서 16:22) 바울은 믿을 만한 대리인들을 통해 자신의 편지를 전달했는데, 이들은 그의 편지를 읽어주면서 때로는 그의 메시지를 보충하는 역할을 하기도 했다(예를 들면 뵈뵈, 로마서 16:1-2). 따라서 바울의 편지들은 그의 존재(presence)를 대신하는 기능과 더불어 멀리 떨어진 장소에서 자신의 권위를 행사하는 기능도 발휘했다. 종종 그 권위는 의심을 받기도 했는데, 자신이 세운 교회에 의해(예를 들어 고린도 교회) 도전을 받은 경우도 있었고, 때로는 바울의 메시지에 다른 메시지를 첨가하거나 또는 반박했던 다른 "사도들"(선교사들)에 의해 도전받기도 했다(예를 들면 고린도와 갈라디아에서). 로마서는 바울이 자신의 스페인 선교 지원을 요청하는 차원에서 로마에 있는 여러 교회에 미리 보낸 편지다. 그러나 로마서든 다른 어떤 편지의 경우든 간에 어떤 일에 편지로 개입한다는 것은 상당히 까다로운 문제가 아닐 수 없었다. 바울이 쓴 편지를 받는 것에 대해 모든 사람이 무조건 좋아한 것도 아니었고, 그가 쓴 내용에 모든 사람이 동의한 것도 아니었다.

바울은 지금까지 전해져 내려오는 편지들보다 훨씬 더 많은 편지를 썼는데(고린도전서 5:9을 보라) 왜 어떤 편지들은 보존되고 다른 편지들은 사라졌는지는 분명치 않다. 살아남은 편지 중에서 정말 사라질 것 같았던 몇 편의 편지(예를 들면 갈라디아에 있는 교회들에게 보낸 대단히 거친 편지)는 보존되었고, 빌레몬서와 같이 노예 오네시모를 구하기 위해 지나치게 개인적인 내용을 담은 편지가 훨씬 더 길고 다양한 내용을 담고 있는 다른 편지들과 함께 어떻게 살아남게 되었는지는 정말 수수께끼와도 같다. 바울의 편지들이 추후 수집되었다는 사실은(우리는 누가 그리고 언제 이 편지들을 수집했는지에 대해 전혀 알지 못한다) 이 편지들이 그가 죽은 이후에 사람들의 관심을 끌었고 또 이에 상응하는 권위가 주어졌음을 시사한다. 아울러 바울의 사상이 끊임없이 살아 움직였다는 사실은 분명하기 때문에 그가 대응할 수 없는 시기에 일어난 새로운 상황에 대해 그가 어떻게 대응했을 것인가에 대한 질문은 매우 자연스러운 것이다.

이러한 질문에 대한 답변 중 하나는 새로운 위기 상황에 대처하기 위해 사람들이 그의 편지를 인용하거나 또는 그가 사용한 용어를 재사용했다는 것인데, 로마의 클레멘스의 편지와 안디옥의 이그나티우스의 편지가 여기에 속한다고 볼 수 있다(이 편지들은 1세기 말에서 2세기 초에 쓰였다). 또 다른 답변은 그의 이름을 가지고 아예 새로운 편지를 작성해 그의 사상을 새로운 상황에 적용하고, 발전시키고, 재구성했다는 것이다. 대부분의 현대 역사학자는 신약성경에서 바울의 이름을 가진 몇몇 편지들이 이 범주에 들어간다는 결론에 도달했다. 이 편지들은 바울에 대한 존경심에 의해 기록되었고, 그가 남긴 유산을 계승하기 위해 사후에 다른 이들에 의해 기록된 것이다. 이 학자들에 의하면 베드로와 야고보 그리고 유다의 경우도 여기에 해당한다. 왜냐하면 이러한 현상은(위명서신[pseudepigraphy]이라 불림) 고대 세계에서 흔한 일이었으며, 특히 당대의 유대인들 사이에서도 흔히 볼 수 있었던 것이기 때문이다. 물론 우리의 관심은 보다 더 구체적으로 바울에게 맞추어져 있지만 말이다.

모든 역사적 판단은 다툴 만한 여지가 있고, 당연히 바울 서신의 저작설에 관한 다툼도 지난 200여 년에 걸쳐 학자들 간에 꾸준히 있어왔다. 이와 관련된 역사학자들의 가설은 다음과 같이 요약될 수 있다. 바울의 편지들을 사랑했던 누군가가 바울의 사상을 교회 안에 일어난 새로운 위기 상황에 적용하고 싶어서 어쩌면 그가 죽은 이후 얼마 오래 지나지 않아 그의 이름으로 골로새의 가상의 정황에 맞춰 편지를 써 보냈다(이것이 골로새서로 알려진 편지다). 그리고 또 다른 저자가 바울의 사상을 매우 심오하게 발전시킨 이 편지에서 영감을 받아 바울 신학의 미니 개요(mini-compendium)라고 할 수 있는 편지를 일반 서신의 형태로 쓰게 되었다(원래는 분명한 수신자가 없었으나 지금은 에베소서로 알려져 있다). 이와 비슷한 시기 또는 조금 이후에 또 다른 "바울주의자"가 데살로니가전서에서 영감을 받아 그 내용을 새롭게 증보하여 데살로니가후서로 알려진 모작(模作, imitation)을 쓰게 되었다. 그리고 이 모든 편지가 작성되고 난 이후 많은 그룹이 바울의 권위를 빙자하며 그리스도교 진리와 상반되는 주장들을 서로 내세우고 있을 때 또다시 바울의 이름으로 새로운 편지들이 작성되었는데, 하나는 디모데에게(디모데전서), 다른 하나는 디도(디도서)에게 보내졌다. 이 편지들은 각각 바울이 진리를 왜곡한 익명의 교사들을 강한 어조로 반박하는 형태를 띠고 있으며 건전한 전통을 가르칠 수 있는 믿을 만한 지도자들을 세울 것을 권면한다. 이와 비슷한 스타일로 기록된 또 하나의 편지는 바울의 "마지막 유언"의 형식을 따라 그의 사랑하는 아들 디모데에게 자신의 역할을 물려주는 내용을 담고 있다(디모데후서). (이 마지막 세 편의 편지를 함께 묶어 목회 서신이라고 부르는데 아마 2세기 초에 기록된 것으로 보인다.)

역사학자들은 어떤 기준으로 이러한 판단을 내리는 걸까? 원칙적으로 어떤 문서든 간에 저작권을 판단하는 근거는 똑같다. 그 고대 문서가 아리스토텔레스의 작품으로 잘못 판명된 논문들이든 히틀러의 일기장으로 알려진 현대의 문서이든 상관없다. 여기에는 주로 다음 세 가지 근거가 사용된다.

- **스타일 또는 문체**: 바울이 썼다고 알려진 편지들과 그 스타일이 상당히 다른 경우가 여기에 속한다. 곧 문장 구조, 어휘의 패턴, 또는 문장을 이어주는 "소사"(particles)의 사용이 다른 경우다(물론 그리스어에 능통한 이들만이 이러한 신뢰할 만한 판단을 내릴 수 있다).
- **역사적 정황**: 이 편지들이 반영하는 역사적 정황이 바울 자신의 정황보다 후대 또는 다른 시기를 반영하는 경우다(예를 들면 목회 서신에서 발견되는 논쟁과 교회의 삶의 패턴 등).
- **신학적 내용**: 우리가 알고 있는 역사적 바울의 신학과 두드

러지게 차이가 나는 다른 신학적 내용이 나타나는 경우이며, 그 차이점이 너무 커서 아무리 유연한 사고를 하는 바울이라 하더라도 지나치게 다르다고 판단되는 경우다.

만약 현재 이루어지고 있는 역사학자들 간의 합의가 일리가 있다면, 신약성경에서 바울의 이름을 갖고 있는 여섯 편의 편지는 "친서가 아니거나"(inauthentic) 또는 "제2의 바울 서신"(deutero-Pauline)이다. 그렇다면 이 편지들은 바울 해석사의 첫 시대를 대표하는 작품이다. 원래 저금에 붙은 이자가 원금에 포함되듯이 대체적으로 이 편지들은 따로 구분되지 않고 바울 자신의 것으로 여겨져 왔다. 대부분의 그리스도교 역사 가운데―그리고 대부분의 교회 상황에서―바울의 이름을 가진 열세 편의 편지들은 바울의 편지와 동일한 기능을 수행해왔다. 현대 역사학자는 바울의 역사를 쓰면서 "역사적 바울의 편지"(로마서, 고린도전후서, 갈라디아서, 데살로니가전서, 빌립보서, 빌레몬서)와 "역사적으로 영향력을 행사한 바울의 편지"(바울의 저작으로 알려진 신약성경의 열세 편의 편지)를 구분한다. 하지만 논쟁의 대상이 되는 편지들은, 심지어 바울이 실제로 쓴 것이 아니라 할지라도, 지난 200여 년간 학계 및 학문의 영향을 받은 이들의 무리 밖에서는 바울의 친서로 간주되어온 것이 사실이다.

그러나 이제부터 우리는 역사적 바울에만 집중하면서 보편적으로 "논쟁의 대상이 아닌" 일곱 편의 편지에 초점을 맞춰 각 편지의 문맥과 내용을 간략히 요약해보도록 하겠다. 우리는 이 편지들이 기록되었다고 추정되는 순서대로 살펴볼 예정인데, 사실 이 편지들이 어떤 순서로 기록되었는지 확실하게 말하기에는 바울의 연대기가 너무나도 많은 불확실성을 내포하고 있는 것이 사실이다.

데살로니가전서는 바울이 얼마 전에 데살로니가라는 도시(오늘날 그리스 북부에 위치)에 세운 교회에 쓴 편지다. 사실 바울은 이 신자들에 대해 굉장히 염려하는 마음을 가지고 있었다. 그들은 그 당시 사회적으로나 경제적으로 상당히 어려움을 겪고 있었는데, 이 어려움은 바울이 표현한 대로 그들이 "우상을 버리고 하나님께로 돌아와서 살아 계시고 참되신 하나님을 섬기게" 되었기 때문에 겪는 것이었다(데살로니가전서 1:9). 그들이 조상의 전통을 버리고 이로 인해 그들의 친족 및 그들이 몸담았던 시민종교(civic religion)와 갈라서게 된 것은 사회적으로 엄청난 모욕을 주는 행위일 수밖에 없었다. 이에 바울은 혹여 그들이 그러한 사회적 압박을 견디다 못해 다시 되돌아가지나 않을까 걱정하고 있었다. 또한 그들은 그 사이에 한 명 또는 여러 명의 신자가 세상을 떠나는 경험을 했고, 예수가 곧 오리라고 믿었던 바울은 그들에게 죽은 자들이 예수의 재림을 놓치지 않을 것임을 확신시켜야 했다. 따라서 이 편지는 확신에 찬 내용으로 가득 차 있으면서도 동시에 이 세상을 이원법적인 용어로 묘사한다. 하나님의 부르심을 받은 빛의 자녀들은 곧 옳다고 인정받을 것이지만, 그 나머지 사람에게는 "갑작스런 멸망"이 임할 것이다.

고린도전서는 바울이 고린도라는 도시(오늘날 그리스 남부에 위치)에 있는 교회로부터 받은 소식에 대응하기 위해 쓴 편지다. 이곳의 교회는 성공적으로 성장했으며 그 교회 지도자들은 사회적으로나 문화적으로 고린도의 시민 사회에서 아무런 어려움 없이 편하게 살고 있었는데, 사실 그들은 바울이 원했던 것보다도 훨씬 더 편하게 살고 있었다. 그의 편지는 그들에게 여러 다양한 측면에서 도전적이다. 바울은 그들이 수사학 및 그 사회적 가치("지혜")에 매료되어 있었던 점, 여러 지도자를 중심으로 하여 계파로 분열되어 있었던 점, 계모와 동거하고 있는 한 남자를 용인하고 있었던 점, 그들이 보는 가운데 이방 신들("우상들")에게 바쳐진 음식을 먹는 것에 대한 해이한 태도, 지나치게 방언에 매료되어 있었던 점, 성찬 때 상대적으로 가난한 자들에게 취한 몰상식한 행동, 장차 있을 부활에 대해 부활의 몸을 입게 될 부활(육체와 분리된 혼이 지속되리라는 견해와 상반된)을 믿는 데 어려움을 겪고 있던 점 등을 지적했다. 이 편지에서 다루어지는 다양한 신학적·목회적인 문제는 이 편지가 설교자들에게 지속적인 관심을 받도록 만들었다.

고린도후서는 고린도 교회의 일부 교인이 바울의 권위에 도전하면서 그의 육체적 연약함을 비난하고 나선 이후에 나타난 바울과 고린도 교회 간의 복잡한 관계를 반영한다. (일부 학자는 고린도후서가 매우 짧은 기간 동안 쓴 최대 다섯 편의 편지를 하나로 엮은 것이라고 보기도 한다.) 바울은 이 편지에서 위기 상황에 대처하기 위해 괄목할 만한 신학적·수사학적 자원을 동원한다. 그는 자신의 사도적 역할을 새롭게 정의하고, 고린도 신자들을 달래고 위로하며, 반어적인 언어로 자신의 약함을 자랑하기도 하는데(그 유명한 그의 "육체의 가시"에 대한 언급을 포함하여), 이는 그들의 관심을 자신에게서 멀리하고 고린도 교인들로 하여금 "약함"과 "강함"이 진정으로 무엇을 의미하는지를 재고해보도록 하기 위함이었다. 우리는 여기서 바울이 고난에 관해 신학적으로 심오한 질문을 던지며 진지하게 씨름하는 가운데 드러낸 그의 속 깊은 감정들(슬픔과 기쁨 그리고 분노와 사랑)을 있는 그대로 목격할 수 있다.

갈라디아서는 바울의 분노가 가장 격렬하게 드러나는 편지다. 그는 갈라디아에서(오늘날 터키의 중부에 위치) 자신이 선포한 복음이 다른 선교사들에 의해 변질되고 있다는 소식(그의 견해로는 파괴)을 듣고 이에 대응한다. 이 선교사들은 진정한 신자가 되기 위해서는 남자들이 할례를 받아야 한다고 주장했다. 바울은 유대 경전을 대거 인용하면서 펼친 논증을 통해 이러한 주장은 불필요할 뿐만 아니라 참담하고 어리석은 것이라고 주장했다. 왜냐하면 그것은 그리스도가 이미 성취한 것, 즉 그 선물을 받는 자의 인종적 혹은 문화적 자격과 상관없이 무조건 주어지는 선물의 본질을 훼손하는 것이기 때문이었다. 바울은 비유대인을 "유대인처럼 살라"(to judaize)고 강요하는 것은 그리스도가 주신 자유, 즉 모세의 율법에 의해 규제를 받지 않고 성령을 따라 사는 자유를 무효화시키는 것이라고 주장했다. 이 편지의 극도로 논쟁적인 어조와 대조법적인 사고 구조는 이 편지를 마치 바울에 대한 극단적인 해석들의 선언문(manifesto)처럼 만들었다.

빌레몬서는 빌레몬의 집에서 모였던 교회에 보낸 편지였다 (우리는 그 장소가 어딘지 모른다). 이 편지는 오네시모라는 어떤 노예가 바울을 찾아와 한 가정 안에서 일어난 분쟁에 개입해주길 요청한 내용과 관련이 있다. 오네시모는 바울과 함께 있으면서 신자가 되었고, 바울은 그를 다시 돌려보내면서 그를 진정으로 "유익한"(그의 이름이 담고 있는 의미) 사람으로, 그리고 "형제"와 "노예 그 이상"의 사람으로 정중하게 묘사한다. 이 편지는 아주 미묘하고 섬세하게 표현되어 있어서 바울이 진정으로 원하는 것이 무엇인지를 알기 어렵지만, 한편으로는 개인적으로 어려운 상황 속에서 바울이 어떻게 신학을 전개하는지를 엿볼 수 있는 대단히 흥미로운 편지가 아닐 수 없다.

빌립보서는 빌립보(오늘날 그리스 북부에 위치)에 있는 교회에 보낸 편지인데, 이 교회는 모든 면에서 바울과 매우 좋은 관계를 유지하고 있었다. 바울은 어딘가에 있는 감옥에서 이 편지를 쓰고 있는데, 그는 그가 겪고 있던 사회적·정치적 수모에도 불구하고 그들이 자신과 마음과 뜻을 같이 하도록 격려한다. 또한 그는 그리스도교 운동의 반문화적(反文的, counter-cultural) 가치를 강화하면서 그리스도의 겸손과 승귀의 의미를 함축적으로 담은 짧은 이야기(흔히 "그리스도 찬양"으로 불림, 빌립보서 2:6-11)를 들려준다. 이 "찬양시"는 그리스도교 신학에서 가장 영향력 있는 진술 가운데 하나로 꼽힌다. 바울은 이 교회로부터 받은 재정적 지원을 하나님이 주신 은혜에 의존한다는 마음의 표시로 간주한다.

마지막으로 가장 긴 편지인 **로마서**는 바울이 자신의 로마 방문(그가 소망했던 스페인 방문 길에 앞서)을 예비하는 차원에서 보낸 편지다. 바울은 이 편지에서 로마에 있는 교회들에게 자기 자신과 자기가 전하는 복음을 소개한다. 이미 이전의 편지에 등장했던 수많은 주제들이 여기서 재차 다루어지고 또한 거대한 규모의 구원 이야기로 재구성된다. 첫 네 장은 죄에 사로잡힌 인간의 상태와 그리스도 안에서 이루어진 하나님의 은혜로운 칭의 행위에 초점을 맞춘다. 우주적인 세력 간에 치열한 충돌이 일어나 "은혜"가 "죄"와 "사망"의 세력을 무찌르는 일이 발생하는 가운데 구원이 그리스도의 죽음과 부활을 통해 주어지고 세례와 성령의 내재적 사역을 통해 성취된다(5-8장). 이스라엘을 위한 하나님의 자비로운 경륜에 관한 그다음 세 장(9-11장)은 그리스도 사건을 거대한 역사적 지평에서 바라보고, 나머지 장들(12-16장)은 바울의 윤리적 원칙을 로마 교회들에 적용하고 바울의 여행 계획(먼저 예루살렘에 갔다가 로마로 가는)을 그들에게 알려주는 것으로 마무리한다.

로마서는 그 길이와 깊이로 인해 바울의 신학을 함축적으로 요약한 걸작으로 간주되었으며, 역사적으로 이 한 편지가 그리스도교 사상에 끼친 영향은 그야말로 엄청나다. 그러나 그의 이 모든 편지는 우리가 이 책의 2부에서 추적하듯이 역사적으로 심오한 반향을 일으켰다(빌레몬서는 부분적으로 예외임). 심지어 우리의 이러한 개관을 통해서도 분명하게 드러나듯이 이 편지들은 그 내용이 매우 다양하면서도 상당히 매력적이다. 이러한 바울의 사상을 파헤치고 그의 논리를 추적하는 작업은 일부 위대한 신학 거장들이 다루기에도 충분히 도전적이며 벅찬 과제였다. 역사적 사건에 큰 관심을 가진 사람들은 그리스도교 운동의 최초 단계에서 벌어진 일들을 재구성하기에 충분한 단서들을 그의 편지에서 발견하곤 했다. 그러나 또한 이 편지들에는 극도로 개인적이며 매혹적인 그 무언가가 들어 있어서 심지어 바울의 성격을 싫어하는 사람들조차도 그의 열정적이고 개성 있는 글 솜씨에 매료되곤 한다. 실제로 우리는 이 편지들을 통해 고대 세계에서 가장 흥미롭고 비범한 인물 가운데 한 사람을 만나고 있는 것이다.

3장

바울과 유대 전통

바울은 유대인들이 아직 그리스도를 믿지 않고 있을 때에도(로마서 9:1-5) 유대인 "혈육"에 대한 강한 정서적 유대감을 나타내며 자기 자신을 유대인(갈라디아서 2:15)으로, 그리고 이스라엘인(로마서 11:1)으로 소개한다. 그의 신학은 무수히 많은 방식으로 유대 전통에 뿌리를 두고 있으며, 특히 여러 수준에서 유대 경전에 철저하게 의존한다. 바울과 같이 지중해 연안에 살고 있던 디아스포라 유대인들에게는 구약성경을 그리스어로 번역한 역본들이 그들의 성경이었다. 따라서 바울은 그리스어로 가르치는 유대 교육을 받아 구약성경의 수많은 본문들을 암기했던 것으로 보인다. 그러나 성경은 단순히 수많은 어휘가 담긴 자료집이나, 손쉽게 인용할 수 있는 자료 그 이상이었다. 성경의 거대한 서사적 구조와 심오한 신학적 주제들은 바울이 마음껏 사고할 수 있는 틀을 제공해주었다. 인간이 처해 있는 상태에 관해 사색할 때, 그는 창세기의 첫 도입 장들에 의존하면서 아담에 대해 이야기한다(고린도전서 15장과 로마서 5장). 하나님이 그의 백성을 어떻게 부르시고 구성해나가는지를 고려할 때, 그는 이스라엘의 시조인 아브라함을 언급한다(갈라디아서 3장과 로마서 4장). 성경이 선포하는 하나님의 단일성은 바울 신학의 핵심 사상이며(예, 로마서 3:30), 이에 상응하는 거짓 "신들" 또는 "우상들"을 정죄하는 것(로마서 1장)을 당연시한다. 고린도 교회 교인들이 우상숭배에 빠지는 것에 대해 경고할 때에도 그는 광야에서 일어났던 "우리 조상들"의 이야기(출애굽기와 민수기에 나오는)를 다시 들려준다(고린도전서 10장). 그는 심지어 자신의 선교가 이미 성경에 미리 예측된 것이라며 아브라함이 "많은 민족의 조상"이 될 것이라는 창세기의 약속들을 제시한다(갈라디아서 3장과 로마서 4장). 사실 바울은 그의 비유대인 개종자들이 이스라엘을 대체하기보다는 하나님의 자비를 함께 의지하면서 그들에게 합세하는 것으로 간주한다. 그는 이 하나님의 자비가 단 하나뿐인 감람나무의 "뿌리"라고 말한다(로마서 11장). 따라서 여러 본문에서 유대인들을 날카롭게 비판함에도 불구하고 바울은 하나님이 이스라엘을 포기했다고 생각하지 않는다. 이스라엘의 메시아인 그리스도("그리스도"는 메시아를 의미한다) 안에서 일어난 모든 사건은 바울에게 있어 이스라엘과 열방을 향한 하나님의 약속의 성취다. 비록 대부분의 동족 유대인들이 아직 그리스도를 믿지 않았지만, 바울은 "온 이스라엘이 구원을 받으리라"(롬 11:26)는 확신을 가지고 있었다.

다시 말하면 바울은 유대 전통 안에 속해 있었지만, 결정적인 순간이 도래했다는 확신을 가진 이후부터는 그의 독특한 해석을 전개해나갔다. 사실 그가 활동하던 시기에는 많은 유대교 분파가 존재하고 있었는데, 그 이유는 다양한 문화의 영향을 받고 있었던 당시 유대인들이 그들의 경전을 놀라우리만큼 다양한 방법으로 해석했기 때문이다. 예를 들면 바울과 동시대에 살았던 쿰란의 유대인들—사해문서를 작성한 저자들—은 이사야가 자신들의 사막 공동체가 형성될 것과 그들의 지도자인 "의의 선생"(the Teacher of Righteousness)이 나타날 것에 대해 이미 예언했다고 믿었다. 또한 당대에 헬레니즘에 동화된 유대 지성인으로 알려졌던 필론(Philo)은 알렉산드리아에서 철학의 렌즈를 통해 성경을 읽으며 (그에 견해에 의하면) 후대에 플라톤이 재발견한 영혼 및 그 영혼이 하나님의 비전에 도달하는 길에 관한 핵심 진리들을 모세의 글에서 발견했다. 이러한 다양성은 유대인들을 포함해서 지중해 동쪽 끝자락에 살던 사람들이 그간 4세기에 걸쳐 페르시아, 그리스, 로마로부터 다양한 문화의 영향을 받아 정치적으로나 사회적으로 얼마나 파란만장한 역사를 경험했는지를 대변해준다. 따라서 바울 당대의 일부 유대 지성인은 유대 묵시문학이라는 장르의 글을 써서 수많은 영적 세력들이 서로 대립하는 가운데 전 우주적 차원의 대격변을 고대하는 우주를 묘사했다. 어떤 이들은 스토아 철학으로부터 영감을 받아 유대인의 관점에서 본 정욕 통제에 관한 논문들을 썼다. 또 어떤 이들은 모세의 생애에 관한 그리스 희곡을 쓰기도 했다. 한편, 교육을 덜 받은 편에 속한 사람들은 악령을 쫓는 유대적인 성향의 부적을 몸에 지니고 다녔다.

바울 당대에는 표준적인 "정통" 교리를 강요하거나 그럴 만한 권위를 가진 그룹이 존재하지 않았기 때문에, 당시의 유대인들은 다양한 방법으로 유대인의 모습을 표출했으며, 유대 전통에 대해서도 수많은 해석이 공존했다. 모든 사람이 장차 올 메시아를 믿었던 것도 아니며 심지어 이를 믿는 사람들조차도 다양한 모습의 메시아(또는 메시아들)를 고대했다. 마지막 때에 비유대인들의 개종이 있을 것을 기대했던 사람들조차도 그 일어날 사건들에 대해서는 다양한 그림을 상상하고 있었다. 그러나 이런 다양한 형태의 유대교 안에서도 그 중심을 차지하고 있었던 것은 바로 예루살렘 성전에 대한 경외심이었다. 예루살렘 성전은 기원후 70년에 로마인들에 의해 파괴되기 전까지 전 세계적으로 널리 잘 알려져 있었고, 수많은 유대인 순례자가 이곳을 방문하곤 했으며, 멀리 사는 유대인들조차도 납부했던 연례 세금에 의해 유지되고 있었다. 유대인들의 마음을 사로잡았던 또 하나는 시내산에서 주어진 유대 율법에 대한 충성심이었다. 하지만 이 율법이 의미하는 바가 무엇이며 이를 어떻게 적용해야 할지에 대해서는 많은 논란의 여지가 남아 있었다. 그리스어를 사용했던 디아스포라 유대인들은 알레고리를 포함한 헬레니즘적 해석들을 통해 본문의 문자적 표면 아래 숨겨져 있던 영적 의미들을 찾아내고자 노력했다. 또한 다른 정황에서는 변화된 사회적 정황에 율법의 여러 규범을 문자적으로 적용하려는 시도로 인해 상당한 논란을 일으켰다. 그러나 유대인들을 구별하는 방법에 대해서는 전반적으로 대체적인 합의가 이루어져 있었고, 따라서 그들은 자신들의 전통을 대대로 유지해올 수 있었다. 그 중심에는 오직 한 하나님만을 예배하고 그 하나님에 대한 어떠한 물리적 형상도 만들지 않겠다는 집념(헌신)이 자리 잡고 있었다. 따라서 유대인들은 그리스-로마 사회에 깊이 스며들어 있었던 표준적인 종교 행위들에 참여하는 것을 거부했다. 이러한 집념과 깊은 관련이 있었던 것이 바로 특정 음식을 불결하다고 규정하는 일련의 율법 규범이었고, 그 결과 유대인들은 비유대인들이 제공하는 음식에 대해 경계할 수밖에 없었다. 또 다른 특유의 유대 관습은 안식일을 지키는 것과 남자들에게 행하는 할례였다. 이 할례는 육체적인 형태로 유대인의 정체성을 영구적으로 표시하는 행위였으며 유대인 여자들이 비유대인과 결혼하는 것을 단념시키는 역할도 담당했다.

바울의 유대 경전 해석은 동시대 유대인들에 비해 해석 방법이나 결과에 있어 크게 두드러지거나 독특하지 않았다. 비록 그가 훌륭한 그리스어를 말하고 쓰곤 했지만, 그의 신학은 교육을 받은 많은 디아스포라 유대인들에 비해 철학적으로 덜 "헬레니즘화"되어 있었다. 그러나 가장 이례적으로 두드러진 부분은 유대 관습에 대한 그의 태도였다. 비록 그는 다른 사람이 이교도 신에게 제사 드렸던 것일지도 모르는 고기를 사는 것에 대해서는 "몰라서 그런 것은 괜찮다"는 태도를 취했지만, 그는 "우상숭배"에 대해서만큼은 동료 유대인들처럼 비타협적이었다

(고린도전서 10장). 하지만 그는 음식법과 관련해서는 "내가 주 예수 안에서 알고 또 확신하는 바는 바로 이것입니다. 무엇이든지 그 자체로 부정한 것은 없습니다"라고 선언한 바 있다(로마서 14:14). 비록 그가 음식법(kosher law)을 지켰던 사람들을 옹호하긴 했지만, 그는 그들을 "약한 자"(취약하다는 의미에서)라고 불렀고, 자신은 그런 문화적 제약에 연연하지 않고 그리스도를 섬겼던 "강한 자"의 편에 섰다. 안식일을 지키는 문제와 관련해서도 마찬가지였다(이 문제는 특별히 "날들"에 대한 논의가 이루어지는 로마서 14장에서 다루어짐). 그는 할례와 관련해서는 비유대인 개종자들에게까지 할례가 강요되어서는 안 된다고 주장했으며 여러 차례에 걸쳐 할례는 해도 그만 안 해도 그만인 것으로 신앙과는 전혀 상관없는 문제라고 선언한 바 있다(고린도전서 7:19; 갈라디아서 5:6; 6:15). 그가 그렇게 말한 이유는 할례보다 더 중요한 것이 있다고 생각했기 때문이다.

그 더 중요한 것이 바로 바울이 새 창조(갈라디아서 6:15)라고 부르는 것이었는데, 이 새 창조는 예수 그리스도의 삶과 죽음과 부활을 통해 나타난 새로운 현실(reality, 실재)을 가리킨다. 유대인의 한 사람으로서 자신의 탁월한 "이력"(credentials)을 열거한 후 바울은 그것을 자신이 과거에 유익하다고 여겼던 "오물"

및 "쓸모없는 것"과 비교하면서 "내 주 그리스도 예수를 아는 가장 고귀한 지식"(빌립보서 3:3-8)에 관해 이야기한다. 다시 말하면, 그리스도 사건과 그 사건에 대한 바울의 새로운 경험은 그의 가치 체계를 완전히 새롭게 바꾸어놓았으며 그의 유대 전통에 대한 해석 방향을 새롭게 재조정했다. 우리는 그의 이러한 혁명적인 변화를 다음 두 가지 형태로 추적해 볼 수 있다.

첫째, 하나님에 대한 바울의 이해는 그리스도에 대한 경험을 통해 전적으로 바뀌었다. 비록 바울이 예수를 "하나님"으로 불렀는지에 대해 명확히 알 수 없지만(로마서 9:5, 학자들은 이 구절의 구두점을 어디에 찍어야 하는지를 놓고 논쟁을 벌인다), 그는 한 분 하나님에 대한 진술 안에서 마치 두 인물을 발견한 듯(하나님과 주님) "한 하나님"과 "한 주님"에 대해 말하고 예수를 하나님과 직접적으로 연관시킴으로써 유대인들의 "한 하나님"에 대한 신앙고백(쉐마, "이스라엘아, 들어라. 주는 우리의 하나님이시요, 주는 오직 한 분뿐이시다")을 대대적으로 수정한다(고린도전서 8:6). 또한 바울은 예수를 "하나님의 형상"(인류가 그의 형상을 따라 지어짐, 고린도후서 4:4)으로 선언하기도 했는데, 초기 바울주의자 중 어떤 한 사람은 얼마 지나지 않아 이 개념을 발전시켜 만물이 예수를 통하여 또 그를 위하여 창조되었다고 주장하기에 이른다(골로새서 1:15-20).

바울은 예수의 삶과 죽음과 부활을 그 안에서 역사하신 하나님의 동인(agency)을 발견하지 않고서는 결코 이해할 수 없게 되었다. 동시에 그는 그리스도 안에서 일어난 사건에 비추어 생각하지 않고서는 하나님을 결코 올바르게 이해할 수 없게 되었다.

둘째, 바울은 그리스도 사건을 경험한 이후에는 이스라엘 역사와 세계 역사를 완전히 다른 관점에서 이해하게 되었다. 그는 성경을 다시 읽으면서 그 본문 안에서 과거에는 보지 못했던 "복음"의 메아리들을 발견했으며, 그리스도 사건이 이미 창세기에 예고되어 있었다는 것을 보게 되었다(갈라디아서 3:8). 그는 그의 현재 모습을 예수의 부활의 관점에서 바라보며 하나님의 약속을 "계약금"(down payment) 조로 미리 받은 것, 즉 미래에 나타나리라 예상했던 바로 그 마지막 시대가 비로소 시작된 것으로 이해했다. 그는 예수가 (곧) 다시 돌아와 이 세상의 역사에 마침표를 찍음으로써 역사의 종말에 대한 전통적인 이미지들—심판, 부활, 새 창조—이 그리스도를 기준으로 재구성될 것을 기대했다.

더 나아가 바울은 이 세상의 과거, 현재, 미래의 역사에서 인류를 다루시는 하나님의 손길을 추적하면서 그 하나님의 손길이 조건 없이 주시는 은혜를 통해 그리스도의 모습으로 나타났다는 사실을 발견했다. 유대교 안에서 하나님의 은혜나 자비를 중히 여기는 일은 흔히 볼 수 있는 일이었지만, 이 자비가 각자의 자격과 무관하게 주어진다는 사상은 결코 일반적이지 않았다. 왜냐하면 받을 사람의 자격은 전혀 고려하지 않은 채 하나님이 일방적으로 이 고귀한 선물을 주신다는 것은 독단적이거나 공평하지 못한 처사로 여겨졌기 때문이다. 그러나 바울 자신의 경험과 그의 이방인 개종자들의 경험은 그로 하여금 하나님은 인간이 만든 사회적·도덕적·인종적 가치 체계에 관심을 두지 않는다는 사실을 깨닫도록 했다. 또한 그리스도 안에서 이미 입증되고 모든 예측을 뛰어넘는 하나님의 이러한 파격적인 행동은 역사에 대한 바울의 모든 신념을 송두리채 바꾸어놓았다. 그는 그리스도 안에서 최고 절정에 달한 무조건적인 자비의 패턴을 아브라함의 이야기와 이스라엘의 이야기(로마서 4장, 9-11장)에서 발견했다. 그는 아무런 자격이 없는 이방인들을 하나님의 백성으로 부르시는 그 하나님의 은혜가 온 천하에 만연해 있다고 믿었다. 이러한 신념은 바울로 하여금 앞날에 대해, 심지어 아직 메시아 예수를 믿지 않는 "불순종하는" 유대인들의 앞날에 대해서도 소망을 품게 만들었다. 바울은 "하나님이 모든 사람을 순종하지 아니하는 가운데 가두어 두심은 모든 사람에게 긍휼을 베풀려 하심이로다"라고 결론 내린다(로마서 11:32). 이 결론은 심오한 성경적 해석에 근거를 두면서도 그리스도에 대한 바울의 경험이 크게 묻어나오는 역사 읽기가 아닐 수 없다.

바울의 유대 전통의 재편성과 그리스도에 대한 충성심 및 경계를 뛰어넘는 그의 이방인 선교 경험은 문화적으로 상당히 모호한 현상을 불러일으켰는데, 그 의미에 대해서는 그때나 지금이나 아직도 많은 논란을 낳고 있다. 한편으로 그는 자신의 신학과 실천적 행동이 자신이 물려받은 유대 유산과 일관성이 있다고 보았다. 그러나 다른 한편으로는 이 유대 전통을 재편성하고 독특한 유대 관습을 상대화한 그의 사고방식은 동시대 유대인들에게 깊은 불안감을 조성했다. 그는 자기 자신을 이스라엘 및 이스라엘의 미래와 동일시했다. 그러나 그는 이로 인해 그리스도를 믿지 않아 (잠정적으로) 감람나무에서 "떨어져나간" 동료 유대인들과 대립하는 관계에 놓이게 되었다(로마서 11장). 그는 유대인들 사이에서 유대인과 같이 살기도 했지만, 동시에 비유대인을 향한 선교 사역 때문에 "그리스도의 법"에 대한 충성심을 가지고 유대 율법을 무시하며 살기도 했다(고린도전서 9:19-23). 심지어 그는 비유대인의 사도로서 때로는 유대인 회당을 방문하기도 했는데, 그는 거기서 회당 회원에게 내려지는 처벌 중 가장 엄중한 벌인 사십에 하나를 감한 매를 다섯 차례나 맞았다(고후 11:24). 그의 이러한 애매모호한 행동은 바울 당대에도 많은 비판과 혼란을 초래한 것이 사실이지만, 그 이후 수 세기 동안에도 그의 견해에 대한 서로 상반된 해석들을 낳았다. 특별히 그리스도교와 유대교의 관계가 크게 대립 관계를 유지하고 있을 때에는 그의 견해가 더더욱 큰 관심을 끌었다. 우리는 그에 대한 해석에 관해서는 9장에서 다룰 예정이다.

4장
◇
로마 세계에 위치한 바울의 교회들

자신의 "좋은 소식"에 반응하여 개종자들이 생겨날 때마다 바울은 신자들로 구성된 작은 공동체를 세웠는데 그는 이 공동체를 에클레시아이(ekklēsiai, "모임들/회중들")라고 불렀다. 이 단어는 보통 "교회들"로 번역되지만, 우리가 유의해야 할 점은 이 단어가 어떤 건물을 의미하기보다는 사람들의 모임을 가리킨다는 것이다. 이러한 모임은 주로 가정에서 모였는데, 어떤 경우에는 가게나 공공건물 또는 야외에서 모이기도 했던 것으로 보인다.

바울은 많은 시간을 로마 제국의 대도시에서 보냈기 때문에 그가 세운 교회들은 임시 거주자들이 많이 모이는 다문화적 환경에서 뿌리내리게 되었는데, 사실 오늘날과 마찬가지로 당시 이것은 사람들이 삶의 큰 변화를 경험하는 데에는 이상적인 상황이었다. 우리는 얼마나 많은 사람들이 이 모임에 참석했는지는 알 수 없지만, 가정에서 모일 경우에는 그 숫자가 30명을 넘지 못했을 것으로 보인다. 로마와 같은 대도시에서는 도시 안에 여러 "가정 교회"가 있었을 것이며 가족을 중심으로 모임이 이루어졌을 것으로 보인다(로마서 16장을 보라). 단 한 곳(고린도의 에라스도, 로마서 16:23)을 제외하고는 이 모임의 멤버 중에 사회의 최상위층에 속한 사람은 단 한 명도 없었고 대부분은 바울과 같이 결코 안정적인 수입 없이 최저 생활을 유지하며 살았다.

우리는 로마 제국 도시의 삶 속에서 이 "모임들"을 어떤 위치에 놓아야 할까? 우리는 이것을 아래로부터 위로 올라가는 순서대로 가정, 도시, 제국 등 세 등급으로 나누어 살펴보면 도움이 되리라 생각된다.

로마 사회의 가구 구조는 가정을 기반으로 하지만, 자유인, 노예, 자유민(과거에 노예였다가 해방된 자) 등 세 종류의 사람이 추가되었다는 점에서 오늘날의 가족 구성과 달랐다. 노예 제도는 도시나 시골이나 어디에서나 흔히 찾아볼 수 있는 것이었고 평범한 가정에서도 한두 명의 노예가 가장 하찮은 일을 담당하곤 했다. 도시에 사는 대부분의 노예들은 평생을 노예로 살았고,

만약 여성 노예가 아이를 낳으면 그 아버지가 누구이든지 간에 그 아이는 노예로 그 가정에 속하게 되어 있었다. 그런데 어떤 노예들은 우수한 업무에 대한 보상으로 자유의 몸이 되어 "자유민"이 되고 어떤 경우에는 정식 시민이 되기도 했는데, 일반적으로는 그들이 본래 속했던 가정과 개인적·경제적·사회적 관계를 계속 유지했다. 이론적으로는 사회의 권력 구조가 상당히 계층화되어 있었던 것이 사실이다. 비록 상류층에 속한 기혼 여성들이 노예를 포함해 자신들의 재산을 통제하기도 했지만, 한 가정의 남자 가장은 다른 모든 가정 구성원에 대한 법적 권한(언제나 개인적인 권위를 가지고 있었던 것은 아님)을 가지고 있었다. 결혼은 통상적인 관례였다. 남자는 여자보다 늦게 결혼하는 것이 통상적이었는데 이로 인해 남편과 아내의 나이 차이가 생겨났고 성불평등의 원인이 되기도 했다. 아내들은 남편들의 유일한 성관계 파트너가 아니었으며 결혼하자마자 아이를 갖는 것이 통상적이었고 그들의 혼인 나이는 대부분 십대 후반이었다. 따라서 출산하는 과정에서 너무 많은 여성이 목숨을 잃었다. 대부분의 가정은 최저 생계 수준이거나 그보다 조금 나은 상태를 유지했다. 좋지 않은 건강, 사고, 죽음 또는 기근은 곧바로 가족 전체를 위기로 몰아넣었고 많은 사람들은 안전망이 없는 상태에서 영양실조나 질병으로 죽어 나갔다. 이러한 어려운 조건 속에서 여러 세대에 걸친 가족 구성원들은 한 가정의 가장 중요한 자원이었다. 이러한 환경 속에서 가정과 조상신들에 대한 제사 의식은 가족 간에 필요한 친밀한 유대감을 조성해주었다. 그들은 조상들에게 가정의 보호와 번영을 위해 기도와 제사를 드렸다.

도시는 이런 가정에게 공통된 정체성과 정치적·경제적 리더십의 구조를 제공하며 가족 구성원을 하나로 묶어주는 모체 역할을 담당했다. 각 도시는 각자 자랑스러운 역사를 지니고 있었지만, 바울이 활동했던 지중해 연안의 대다수 도시는 최근 들어 로마 제국에 편입되면서 서로 비슷한 정치 구조를 가지게 되었고 심지어는 건축물 구조까지도 비슷한 형태를 갖추게 되었다. 정치적으로나 경제적으로 시민들의 이익이 가장 우선시 되곤 했으며 시민권은 사법적인 특권뿐 아니라 적어도 이론적으로나마 정치적인 영향력을 가지고 있었다. 하지만 무역의 중요성과 도시생활이 가져다주는 유동성으로 인해 도시에는 항상 바울과 같은 임시 거주자들이 상당수 몰려들었다. 시민들과 "외국인들"은 모두 도시 환경에서 급속하게 늘어나는 수많은 자발적 모임 또는 클럽에 가입할 수 있었다. 대부분의 식사 모임은 같은 지역 거주자들이나 같은 직종 혹은 인종(민족)에 속한 사람들이 회비를 내고 월례 식사를 하는 것이었다. 여기서 한 가지 특이할 만한 사항은 각 도시마다 각자의 수호신을 숭배했다는 것이다. 이 모임에서는 한 임원이 모임의 번영을 위한 제사와 기도를 신에게 올려드리는 의식이 행해졌다. 이보다 더 큰 규모의 제사 의식에서는 제사장을 포함한 시공무원들이 거대한 신전에서 호화로운 제사를 주관하기도 했다. 그 당시의 달력은 주별로 나눠지기보다는 모든 시민이 참여하는 축제에 따라 나뉘어졌고, 각종 행진, 제사, 운동 경기 또는 예술 대회가 카니발 같은 분위기 속에서 진행되었다. 또한 이 같은 행사는 관광객들을 유치하는 동시에 모든 사람들의 기분을 끌어올리는 역할을 하곤 했다.

바울이 활동했던 모든 도시는 이미 확장세를 타고 있던 로마 제국에 편입되어 있었다. 로마 제국은 섭정 왕국들을 통해 동쪽으로 확장해나가고 있었고 오직 로마의 군사적·경제적 이해관계가 맞아 떨어질 때에만 비로소 속주로 편입했다. 각 도시의 위정자들은 법규와 행정과 과세를 한층 강화하던 로마 제국의 진출을 환영하는 듯한 모습을 보여주었는데, 그중에서 가장 시각적으로 효과적이었던 방법은 로마의 신들을 시민 종교에 포함시키고 새 신전을 짓는 것이었다. 황제의 형상은 동전과 신상, 가정 물품과 시민 행진 등 그 어디에서나 볼 수 있었으며 황제에게(또는 그를 위하여) 올리는 숭배 제사는 정기적으로 이루어졌다. 다시 말하면 종교는 정치와 결코 분리될 수 없었다. 왜냐하면 인간의 권력 체계는 신들의 총괄적인 세력에 의해 통제 및 정당화된다고 이해되었기 때문이다.

 이러한 구도 속에서 유대인들은 어느 위치에 놓여 있었을까? 유대인의 고국 땅은 바울의 생애 거의 전반에 걸쳐 시리아 속주의 로마 총독 관할 아래 있던 행정 장관을 통해 로마가 직접 통치했다. 이 행정 장관들은 경험을 통해 예루살렘 성전과 관련된 일에는 가능한 한 관여하지 않는 것이 좋다는 것을 잘 알고 있었지만, 유대인의 명절 기간에는 항상 팽팽한 긴장감이 맴돌았다. 예수가 예루살렘에서 명절 기간 중에 로마 행정 장관(빌라도)에게 재판을 받았던 것처럼, 바울도 그곳에서 다른 명절 기간 동안 평화 유지 목적을 위해 가이사랴로부터 파송된 로마 군대에 의해 체포되었다. 우리가 이미 1장에서 언급했듯이 바울은 가이사랴에서 재판을 받거나 기다리며 수년을 보냈다. 만약 사도행전의 기록이 옳다면, 그가 체포된 상태로 로마로 호송되어가게 된 이유는 바로 그가 로마 시민의 한 사람으로서 황제에게 직접 재판받기 위해 상소했기 때문일 것이다.

    그러나 바울이 이례적으로 굉장히 충동적인 유대인이었듯이 이것도 상대적으로 굉장히 이례적인 현상이었다. 디아스포라 유대인들은 오랜 기간에 걸쳐 터득한 경험을 통해 자신들의 고유한 정체성을 잃지 않으면서도 지역 사회에 어떻게 적응해야 하는지를 잘 알고 있었다. 가정 안에서 유대적인 삶을 산다는 것은 더더욱 중요했다. 동족 결혼을 강하게 선호했던 유대인들은 조상의 전통을 따르는 결혼을 존중했고 음식에 관한 특별한 규범과 안식일 성수를 통해 유대인의 정체성을 유지했다. 유대인들은 가정의 범위 밖에서는 민족의 모임(회당)을 만들었으며 때로는 자신들 고유의 건물을 가지고 자신들의 존재감과 시민으로서의 중요성을 사람들에게 널리 알렸다. 비록 일부 유대인은 그 도시의 종교 문화에 동화되기도 했지만, 대부분은 예루살렘의 한 성전에서 섬기는 오직 한 하나님 외에 다른 어떤 신을 섬기는 것은 혐오스러운 일이라는 유대인들의 강한 신념 때문에 지역 신들을 숭배하지 않고 자신들만의 정체성을 지켜나갔다. 이러한 자발적인 시민 종교 배척은 자칫 커다란 논란을 일으킬 수 있었지만, 로마 황제와 지역 당국자들은 유대인들이 예루살렘에서 황제를 위해 매일 제사를 드리는 일을 지속하는 한 그들을 황제 숭배에서 제외시켰고 유대인들의 특권을 허용해주었다. 기원후 66년에 일어난 유대 반란은 이 제사의 중단과 함께 시작되었으며 성전이 파괴되고(기원후 70년) 제국 전역에 유대인을 위한 새로운 특별세가 도입되면서 끝이 난 유대 전쟁의 시발점이기도 했다.

바울의 작은 모임들은 이러한 가정과 도시와 제국이라는 환경에 어떻게 적응해나갔을까? 이에 대한 답은 그리 잘 적응하지 못했다는 것이다.

자기 자신도 미혼이었던 바울은 가정생활과 관련하여 미혼을 옹호하는 신학적·실천적 주장을 다양하게 전개했다(고린도전서 7장). 하지만 그는 결혼을 반대하거나 결혼한 사람에게 이혼을 부추기지는 않았다. 그의 이러한 애매모호함은 차후에 일부 바울주의자(예, 골로새서와 에베소서에서)가 결혼과 가정생활을 전통적인 구조와 더불어 그리스도교의 전통으로 받아들이게 하는 결과를 낳은 반면, 다른 이들(예, 「바울과 테클라 행전」의 저자)은 그리스도교 여성들에게 결혼을 거부함으로써 사회와 맞설 것을 주문하기도 했다. 바울의 개종자들이 가정의 구조에 순응하는 경우에도 긴장 관계는 고조될 수 있었다. 가정 전체가 동시에 그리스도교 신자가 되는 것이 가장 순탄한 길이었지만, 그렇지 않을 경우엔 서로 충돌을 일으키는 종교적 신념(헌신)으로 인해 가정의 결속이 위협을 받을 수밖에 없었다. 그리스도인들은 이방 종교("우상숭배")에 대한 비관용적 태도를 그들의 유대적인 뿌리로부터 물려받았기 때문에 이교도 배우자나 주인과의 마찰은 불가피했다. 배우자 중 한 명이 신자가 아닌 경우에는 결혼 생활까지도 위협을 받을 수 있었다(고린도전서 7:10-16; 베드로전서 3:1-6을 보라).

비록 골로새서와 에베소서의 "가정 규범"은 주인과 남편과 부모에게 순종할 것을 요구하지만, 결국 이 가정 규범도 모든 인간의 권위를 그리스도의 우월한 통제 아래에 둔다. 그런 면에서 노예 제도도 특별한 긴장 관계를 일으킬 소지가 있었다. 바울과 그를 모방하던 자들은 모두 노예 해방을 부르짖지 않았으며, 노예를 소유한 그리스도인 주인들조차도 경제적 가치가 있는 노예를 당연히 빼앗기고 싶어 하지 않았다. 그럼에도 바울은 노예들도 다른 모든 일반인과 마찬가지로 하나님의 무조건적인 부르심을 받을 만한 자격이 있는 자들로 재평가했다(고린도전서 7:17-24). 그는 심지어 세례를 받은 후에는 "유대인이나 헬라인이나 종이나 자유인이나 남자나 여자나 다 그리스도 예수 안에서 하나"라고 선언했다(갈라디아서 3:28). 이 선언이 실제적으로 무엇을 의미하는지에 대해서는 해석이 분분할 수 있지만, 바울이 쓴 빌레몬서는 때로는 아주 애매모호한 상황이 벌어질 수도 있음을 잘 보여준다. 빌레몬에게 만족스럽지 못한 노예였던 오네시모는 바울을 찾아와 도움을 요청했고 그는 바울을 통해 신자가 되었다. 즉 그는 "형제"가 된 것이다. 바울이 그를 다시 그의 주인에게 되돌려 보냈을 때, 그는 오네시모를 "종 이상으로 곧 사랑받는 형제로 둘 자"(빌레몬서 16)로 소개한 후 빌레몬에게 바울 자신을 영접하듯이 오네시모를 영접할 것을 요청했다. 물론 이 요청이 오네시모를 노예 신분으로부터 해방하는 결과로 이어지지는 않았겠지만, 노예와 주인의 관계는 "형제"라는 새로운 관계로 인해 상당히 복잡해졌을 것이다. 이런 긴장 상태는 다른 본문에서도 분명하게 발견된다(디모데전서 6:1-3). 다시 말하면 그리스도인 가정이 구조적인 면에서 큰 변화를 경험하지 않더라도 그리스도에 대한 그들의 최고의 충성심은 그들이 속한 더 넓은 사회가 추구하던 중요한 가치와 기대를 무너뜨릴 수 있는 잠재력을 가지고 있었다(10장을 보라).

하지만 그리스도인들이 자신들의 차별화된 모습을 입증하거나 정당화하는 일은 그리 쉽지 않았다. 유대인 가정은 음식법과 안식일법, 및 할례법을 준수하며 자신들의 차별화를 꾀할 수 있었지만, 그리스도인 가정의 예수 그리스도에 대한 충성심은 그런 규범적이고 가시적인 특성에 의해 유지되지 않았다. 그리스도를 예배하고 "우상숭배"를 멀리하는 것이 무엇보다도 가족의 전통과 단절한다는 큰 의미를 담고 있었지만, 그리스도교 신자들은 유대인들과는 달리 이러한 종교적 차별화를 드러낼 만한 전통적 혹은 민족적 명분이 없었다. 바울이 가장 먼저 쓴 편지에서 우리는 이미 "우상을 버리고 하나님께로 돌아와서 살아 계시고 참되신 하나님을 섬기는 것"(데살로니가전서 1:9)에 따른 사회적·경제적 어려움을 볼 수 있으며, 이러한 "불경스럽고" "반사회적인" 행동은 특히 사회적 차원에서 문제가 될 수 있었다. 고린도전서 8-10장에서 바울은 신자들이 "우상들"에게 바쳐진 음식을 어느 선에서 먹을 수 있고 또 먹을 수 없는지에 관해 자세히 설명한다. 그러나 이 본문은 고린도의 신자들이 각기 다른 장소에서 각기 다른 판단을 내리고 있었음을 보여주는데, 이는 아마도 그런 음식을 먹는 장소에서 물러날 경우 어떤 이들은 사회적으로나 경제적으로 너무 많은 손해를 입을 수밖에 없었기 때문일 것이다. 이에 바울은 적어도 선교적인 차원에서 사회적 교류를 계속 유지하기를 원했겠지만, 우리는 엄격하게 말해 그리스도에 대한 충성심과 양립될 수 없는, 곧 이방 신을 숭배하는 모임의 회원인 신자들이 겪어야만 했던 고충을 충분히 상상할 수 있다.

바울이 세운 교회들의 구성원은 대부분 비유대인들이었고, 현지 유대인들과 의절하거나 대립하면 할수록 그들은 로마 세계에서 사회적으로 볼 때 점점 더 비정상적인 사람으로 비쳐질 수밖에 없었다. 정상적인 종교 행위를 정당한 이유 없이 거부하는 것은 무척 모욕적이었으며 심지어 상당히 위험한 행동이었다. 이러한 행동은 사회적 유대감을 와해시키고 공동체의 안전을 담보하는 공동체와 신들 간의 미묘한 관계를 위협했다. 이러한 새로운 형태의 "무신론"은 어떠한 역사적 또는 문화적 근거에 따른 것이 아니었으며 오히려 정치 당국자들에 대한 직접적인 공격으로 해석될 수도 있었다. 바울 자신도 시 당국자들과 그들 위에 있던 로마 제국의 권력에 대해 이중적인 태도를 취했다. 그는 예수를 못 박아 죽인 "이 세대의 통치자들"(고린도전서 2:6-8)을 폄하하기도 하고 예수를 이 세상의 모든 권력을 능가하는 권력을 지닌 우주의 주님으로 높이기도 했다. 그는 만물이 "예수의 이름 앞에 무릎을 꿇게 되는"(빌립보서 2:10) 날을 고대했다. 그러나 이와 동시에 그는 로마서를 기록할 때에는 이 세상의 권세에 복종할 것을 촉구하기도 했는데, 이는 단지 실용적인 차원에서 그렇게 한 것이 아니라 이 권세가 바로 하나님에 의해 세워졌기 때문이었다(로마서 13:1-7). 그가 "소위 신들"과 "소위 주들"을 무시하는 발언을 했을 때에는 특별히 황제를 언급하거나 또는 황제들을(적어도 죽은 이후부터) 그 안에 포함시킨 로마의 만신전(pantheon)을 전혀 언급하지 않는다. 하지만 한 가지 분명한 사실은 어떤 임계점에 다다랐을 때 그리스도인들은 다른 어떤 형태의 "우상숭배"와 마찬가지로 로마 종교와도 결코 타협할 수 없었다. 바울이 로마에서 처형당하게 된 이유도 아마 모르긴 해도 그리스도인들이야말로 사회적으로나 종교적으로 부적격자라는 사실을 로마인들이 깨닫게 된 계기가 한 몫을 담당했을 것으로 보인다. 아무튼 그들은 얼마 지나지 않아 로마의 대화재(기원후 64년)의 희생양이 되고 만다. 어쨌든 로마 종교에 대한 그리스도교 운동의 도전과, 로마의 통치권을 강화하는 시각적인 선전 행위 및 시민 종교의 제사 의식에 대한 그리스도교의 저항은 궁극적으로 로마 문명이라는 거대한 체제를 완전히 전복시키는 결과를 낳았다.

5장

바울의 초기 이미지들

바울은 그의 적대자들과 날카롭고 심지어는 아주 적나라한 비판과 언쟁을 벌일 수 있는 대단한 논쟁가였다. 그는 굉장히 강한 의견의 소유자였고, 수많은 말싸움을 한 경험이 있으며, 심지어는 베드로와 얼굴을 맞대고 언쟁을 벌이기도 했다(갈라디아서 2:11-14). 그는 이런 일로 인해 친구들뿐 아니라 적들을 많이 만들었으며, 비그리스도인들뿐 아니라 동료 신자들 중에도 그를 의심하고 싫어하며 반대했던 자들이 적지 않았다는 증거가 남아 있다. 바울이라는 인물에 대해 무관심하기에는 그때나 지금이나 결코 쉽지 않다. 그는 초기 그리스도교 운동 시초부터 그 어떤 이보다도 더 서로 상반되는 견해를 갖게 하는 인물이었다.

 이 정도로 논란이 많은 인물은 자신에 대한 각양각색의 이미지를 만들어내기 일쑤다. 그는 과연 완강하고 악의적인 적들과 대립하며 진리를 위해 싸웠던 투사였을까? 아니면 고의적으로 교회의 화합을 깨뜨린 고집불통의 개인주의자였을까? 그는 과연 복음에 담긴 함의들을 가장 분명하게 깨달은 선견자(visionary)였을까? 아니면 신자들로 하여금 하나님의 율법을 신성모독적인 방법으로 무시하도록 만든 위험한 극단주의자였을까? 사실은 바울 자신도 자기 주위로부터 들려오는 다양한 소문과 비판을 민감하게 인식하고 있었다. 갈라디아서에서 바울은 자신을 베드로와 야고보와 요한에게 온전히 순복하지 않는 인물, 곧 예루살렘이 보낸 고집 센 대리인(delegate) 정도로 여기는 시각에 반발하면서 자신의 인생사를 다른 시각에서 바라보는 관점을 반박한다. 그는 자기 자신을 변호하는 차원에서 사건 경위를 설명한다. 그는 자신이 받은 소명(calling)은 독립적인 것이었으며 자신이 수행하고 있던 선교 사역은 "소위 기둥"으로 여겨졌던 이들과 이미 합의된 것이었음을 분명히 밝힌다(갈라디아서 2:1-10). 따라서 그는 자기 자신이 많은 공세에 시달리긴 했지만, "내 몸에 예수의 흔적을 지니고 있노라"(갈라디아서 6:17)고

말할 정도로 많은 상처를 안고 "자유"와 "진리"를 위해 싸워 승리한 투사로 스스로를 묘사한다.

고린도 교회에 보낸 두 편의 편지에서 바울은 자신의 이미지를 새로운 각도에서 "관리"해야만 했다. 그는 고린도에서 자기보다 더 뛰어난 수사학적 언변을 자랑하는 사람들(예를 들면 아볼로)에 의해 빛을 잃게 되었고, 일부 고린도 신자는 그를 육체적으로 유약하며, 육체 노동으로 인해 위신이 떨어지고, 약속을 지키지 못하거나 지킬 마음이 없는 추한 인물로 폄하했다. 그들은 "그의 편지들은 무게가 있고 힘이 있으나 그가 몸으로 대할 때는 약하고 그 말도 시원하지 않다"(고린도후서 10:10)고 말했다. 바울은 이에 대해 고도의 수사학과 심오한 신학을 혼합하여 대안의 이미지를 제시한다. 그는 정말로 연약한 인물이었지만(어쩌면 다른 이들이 하듯이 고린도 신자들을 악용하지 못할 정도로 너무 "약함"), 바로 그 약함이 그를 그리스도의 참된 사자로 만들었다. 왜냐하면 그리스도의 능력은 인간의 약함에서 완전해지기 때문이다(고린도후서 12:9). 바울은 자신의 수많은 약점―자신이 참아내야 했던 모욕과 고난과 박해―을 나열하면서 타인을 위해, 그리고 진리 수호를 위해 모든 것을 견디어낸 "순교자"의 모습을 취한다. 한때 교회를 박해했던 치욕적인 사실을 늘 마음에 두고 있던 바울은 자신이 "사도 중에 가장 작은 자"("바울"은 "작은"이란 뜻)로서 모든 사도보다 더 많이 수고했음을 강조하면서도(고린도전서 15:10) 자기 자신의 이야기 속에서 은혜의 패러다임을 발견한다. 따라서 그는 스스로를 하나님께 전적으로 헌신한 고난받는 사도의 이미지로 묘사한다. 이 이미지는 박해받는 것이 정상적인 것으로 받아들여졌던 초기 그리스도교의 열렬한 분위기 속에서 자신을 영웅처럼 생각하게 만들었다.

이런 영웅화된 바울은 사도행전에서 이미 분명하게 드러난다. 이 초기 그리스도교 역사는 누가복음으로 알려진 복음서의 후속편으로서, 일부 학자는 기원후 1세기 말경에 기록된 것으로 보기도 하고(바울의 여행 중 일부는 그와 동행한 사람이 이야기를 이끌어가는 것처럼 기록되어 있다) 또 다른 이들은 2세기 초에 쓴 작품으로 보기도 한다. 어쨌든 바울이라는 인물은 이 내러티브에서 괄목하리만큼 중요한 인물로 등장한다. 그의 개종 이야기는 그의 역할을 비유대인 세계에 좋은 소식을 전하는 대리인으로 소개하면서 세 차례나 반복된다. 이 내러티브의 후반부 거의 전부는 바울의 여행과 설교, 탈출과 재판 등으로만 가득 채워져 있다고 해도 과언이 아니다. 여기서 바울은 설교자, 기적을 일으키는 자, 순교자 등으로 그려진다. 바울은 성경을 자주 인용하는 긴 설교를 하는 자로도 묘사되며 이로 인해 회당으로부터 쫓겨나는 전형적인 인물로도 그려진다. 한편 아테네의 지성인에게 한 것으로 알려진 그의 잘 짜인 연설은 많은 철학적인 암시로 가득하다(사도행전 17장). 바울은 여기서 두려움 없고 능수능란한 연설가로서 적대적이며 의구심이 많은 이 세상에서 그리스도교의 메시지를 가장 잘 전달하는 모델로 부상한다. 하지만 또한 이 내러티브는 놀랄 만한 수많은 기적 이야기가 여기저기서 펼쳐지면서 흥미진진하게 전개된다. 바울은 병든 자들을 고치고, 옥에서 극적으로 탈출하며, 드라마틱한 파선 상황에서도 선원들과 더불어 극적으로 구조된다. 이 이야기는 비록 그 절정에 다다르기 이전에 끝이 나지만, 분명히 바울의 죽음을 향해 전개되어나간다. 에베소에서 행한 그의 고별 연설(사도행전 20장)은 로마로 가는 그의 여정이 그의 마지막 여행이 될 것을 미리 예고한다. 결론이 나지 않는 긴 재판 이야기들은 변절한 유대인 또는 위험한 로마인이라는 바울의 평판을 수정하면서도 굳이 누가가 기록하고 싶지 않았을지도 모르는 로마의 오심(miscarriage of justice)을 향해 나아간다. 이 이야기의 결말에 남겨진 부분은 간혹 다른 이들에 의해 채워지곤 하지만, 누가는 이미 바울의 이미지가 진리를 위해 자신의 목숨까지 아끼지 않았던 순교자의 모델(예수와 스데반의 후계자로서)로 굳혀지기에 충분한 작업을 수행했다.

누가가 바울의 이미지 중에서 특별히 부각하지 **않은** 부분은 바울의 편지 쓰는 모습이다. 그러나 우리가 이미 살펴본 대로(2장) 다른 이들이 그의 이름으로 새로운 편지들을 작성함으로써 그의 새로운 모습을 발전시켰다. 이러한 방법은 그의 문학적 개성을 따라 그의 편지들의 메시지를 발전시키거나(데살로니가전서를 각색한 데살로니가후서) 또는 그의 가르침을 더 이상 지역적인 위기 상황에 한정되지 않는 형태로 요약하고 일반화할 수 있는 길을 열어주었다(에베소서). 또한 바울이 세운 교회들이 여러 형태의 그리스도교 신학과 실천을 발전시켜나갈 즈음에는 권위 있는 교사들이 진리를 분명하게 전달하고 수호하는 자들이 될 수 있도록 하기 위해 바울을 어떤 공동체를 운용하는 인물로 의인화할 필요성이 대두되기도 했다(디모데전서와 디도서). 이 위명의 편지들(pseudonymous letters)은 바울의 과거 이미지들을 확고히 하거나 또는 다시 수정하여 새로운 프로필을 만들어내었다. 에베소서에서는 이방인 선교를 향한 바울의 핵심적인 역할이 우주적인 차원으로 확대된다. 따라서 에베소서는 전 인류를 향해 확대해나가는 교회(단수)를 전 우주를 채우고 완성하시는 그리스도의 지상 파트너로 소개한다. 또한 여기서는 독신주의를 선호하는 바울의 위험스러운 입장이 결혼을 그리스도와 교회 간의 관계의 상징으로 보는 가정 규범에 의해 상쇄된다(에베소서 5-6장). 디모데후서는 교회를 염려하며 대부분의 친구로부터 버림받은 상태에서 죽음을 기다리면서도 하나님이 자신에게 상급을 주실 것을 확신하며 죽음을 맞이할 준비를 하는 바울을 친근감 있게 그려낸다(디모데후서 4:6-18). 그리스도교 신앙과 그 실천적 함의를 결정할 만한 합의된 보편적 기준이 없던 시기에 제시된 이러한 쓸쓸하면서도 영웅적인 그의 모습은 "정통" 교리(진리)의 중요성을 한층 부각시킨다.

사실 바울은 수많은 유형의 진리를 대변하는 사람으로 묘사되기도 했다. 「바울과 테클라 행전」(Acts of Paul and Thecla)에서 그는 성적 금욕주의를 설파하고 결혼을 반대하는 사람으로 그려지는데, 사실 이 이미지는 고린도전서 7장을 반영하긴 하지만, 에베소서나 디모데전서에 나타난 바울의 모습과는 정면으로 대치되는 것이다. 「바울과 테클라 행전」은 2세기 중반에 작성된 것으로 알려져 있지만, 바울의 이미지보다는 테클라(여러 이야기가 뒤섞인 내러티브의 진짜 [여자] 영웅)의 이미지에 힘입어 빠른 속도로 인기를 얻었다. 아이러니컬한 반전을 일으키는 이 사랑-로맨스 이야기에서 안디옥(비시디아 소재) 출신의 부유한 소녀인 테클라는 육욕을 포기하고 독신을 약속한 자들을 축복하는 바울에게 매료된다. 이에 테클라는 약혼을 깨뜨려버림으로써 그의 약혼자와 어머니에게 커다란 충격을 안긴다. 계속되는 이야기 속에서 테클라는 한 차례 이상 공개 처형이라는 판결을 받지만, 신적 개입을 통해 죽음을 간신히 모면한다. 우리는 여기서 이 이야기를 통해 미혼의 그리스도인 소녀가 얼마나 고립되고 연약한 존재인지를 생생하게 보게 된다.

이렇게 사회적으로 급진적인 바울의 이미지는 「바울의 순교」(The Martyrdom of Paul)에서 적절하게 완성된다. 이 문서는 초기부터 「바울과 테클라 행전」과 연관이 있었던 것으로 알려져 있다. 이 작품에서는 미결 상태로 남겨졌던 사도행전의 결말이 로마 황제와 그리스도의 "군사들" 간의 정면충돌이라는 상징적인 의미를 담은 바울의 처형에 관한 생생한 묘사로 채워진다. 따라서 바울은 사회적으로나 정치적으로 로마 세계의 오래된 관례와 타협하기를 거부하는 상징으로 묘사된다. 독신주의를 선택한다는 것은 로마의 현상 유지를 지지하는 이들과 이와 다른 탈문화적 입장을 지지하는 이들 간의 근본적인 차이점을 분명하게 드러내는 행위였다. 이런 이야기들에 대한 인기는 성적 욕망을 통제하거나 아예 없애버리는 것이 마치 그리스도교의 근본 신념이며 또한 이러한 신념이 "세상"과 맞서는 그리스도인의 입장을 대변하는 것으로 여기는 풍토가 널리 확산되는 데 한 몫을 담당했다.

이와 유사한 유형의 급진적인 바울의 모습은 그를 기원후 2세기 그리스도교 버전의 영웅으로 발전시킨 로마 교회의 지성인 마르키온이 주도했다. 마르키온은 그리스도교가 첫 세대를 지나면서 세상과 타협하게 되었다고 믿었다. 그에게는 오직 단 한 명의 권위 있는 사도가 있었는데 그가 바로 바울이었다. 마르키온은 바울의 열 편의 편지를 수집하고(그는 목회 서신을 아직 몰랐을 수도 있다) 그것을 단 하나의 복음서("회복된" 누가복음)에 포함시키면서 계시를 통해 그리스도 및 그가 가져다준 자유에 관한 진리를 유일하게 이해한 인물로 바울을 제시했다. 예수 그리스도는 결함이 있는 물질세계를 창조하신 하나님과는 전혀 다른, 곧 그보다 더 위대하며 이전에는 전혀 알려지지 않은 하나님의 아들이었다. 전자는 유대인들이 예배했던 하나님이었고 유대 경전을 통해 알려진 하나님이었다. 마르키온은 갈라디아서를 그의 바울 서신 모음집의 첫 머리에 배치하면서 "이 악한 세대에서"(갈라디아서 1:4) 건짐을 받은 신자들의 구원을 강조했는데, 그 이유는 그리스도가 "세상에 대하여 십자가에 못 박힌" 그들에게 "새 창조"를 가져다주었기 때문이다(갈라디아서 6:14-15). 그는 바울이 "이 세상의 신이 믿지 아니하는 자들의 마음을 혼미하게 하여"(고린도후서 4:4)라고 말했을 때, 인류를 정죄하고 심지어는 망가뜨리고 말 열등한 창조주 하나님을 언급한 것으로 생각했다. 마르키온의 신학의 중심에는 하나님의 사랑을 언급한 바울의 본문들이 자리 잡고 있었으며, 이 하나님의 사랑은 누가가 묘사한 은혜롭고 포용적인 예수의 이미지, 곧 인류를 결코 정죄하거나 처벌할 수 없는 완전한 사랑의 이미지에 의해 강화되었다. 마르키온은 진리를 위해 외롭게 싸우는 바울의 자아상을 좋아했다. 그는 바울의 적들을 바울 당대에나 그 이후에도 열등한 유대 전승을 가지고 순수한 복음을 희석시키려고 했던 이들을 상징하는 것으로 보았다. 이로써 논쟁자 바울은 마르키온에게 있어 유대 경전의 빈약한 신학 때문에 위상에 손상을 입은 교회를 구해낼 핵심 자원이 되었다.

마르키온이 제시한 바울의 이미지는 바울의 편지들, 즉 그의 편지 중에서 적어도 (그가 보기에) 후대의 첨가(구약성서를 긍정적으로 인용한 부분들)로 인해 "오염"되지 않은 부분들을 신중하게 읽은 것에 근거한다. 2세기 그리스도교의 다른 학파들도 바울에 매료되었는데, 그들은 "영적" 구원을 지지하는 데 바울의 신학(요한복음의 신학과 통합된)을 사용했다. 이들이 이해한 "영적" 구원은 참된 자아가 깨달음을 통해 이 고장난 물질세계에 육체적으로 감금된 상태로부터 해방되는 것이었다. 그런데 신자들은 모든 **영적인 복**[개역개정은 "신령한 복"으로 번역—편집자 주]을 받고 이 (물질) 세계의 기초가 세워지기 **전에** 이미 선택을 받은 것이 아니었던가?(에베소서 1:3-4) 그들은 지식의 충만을 주신 은혜로 인해, 그리고 다시 부활하신 그리스도와 연합함으로써 이미 구원을 받은 것이 아니었던가?(에베소서 2:5-6; 3:14-19) 그리고 바울이 묘사한 부활은 "영적인" 부활이 아니었던가?(고린도전서 15:44) 이런 사상들은 전통적으로 "영지주의" 신학자로 불리는 그리스도교 지성인 발렌티누스가 지은 것으로 알려진 몇몇 작품에서 강조되고 있는 부분이다.

마르키온과 "영지주의자들"을 반대하던 이들은 바울 서신에 대한 이런 박식한 해석에 당혹스러워했다. 그들은 바울의 권위에 반대할 수는 없었지만, 바울에 대한 대안적 이미지와 그의 편지에 대한 다른 해석을 제시할 수밖에 없었다. 따라서 이레나이우스(130-200년경)와 테르툴리아누스(160-225년경)는 사람들이 보다 더 공감할 수 있는 바울의 이미지를 제시하며 마르키온 및

"거짓된 지식"을 옹호하는 이들에 대응했다. 즉 그들은 바울을 신뢰할 만한 사도이긴 하지만, 단지 예루살렘의 기둥 격인 사도들을 비롯한 다른 여러 사도들 중의 하나에 불과한 인물로 그렸다. 마르키온의 순수 "바울주의"는 그들에게 위협적이었다. 왜냐하면 거대한 성경적 모체로부터 그의 신학을 분리해내는 시도는 위험스러울 정도로 한편으로 치우친 그리스도교 신학을 낳는 결과를 초래했기 때문이다.

이러한 2세기 논쟁의 소용돌이 속에서 바울의 이미지는 논란의 중심에 서게 되었다. 바울의 편지에 나타난 그의 모습은 모가 나고 날카로운 것이었다. 이런 모습은 여러 가지 방법으로 부드럽고 낭만적인 모습으로 만들 수도 있었지만, 새로운 논란에 대응하기 위해 더욱더 날카롭게 만들거나 새로운 각도로 재수정될 수도 있었다. 결국 바울은 거의 모든 사람이 원하는 인물이 되었다. 문제는 각자의 목적을 이루기 위해 어떤 바울을 그리며 또는 그를 어떤 방법으로 묘사하고 싶어 했느냐는 것이었다.

바울은 사람들이 그냥 무시하기에는 너무나 중요한 인물이었으며 단 하나의 그림에 담거나 단 한 가지 방식으로 해석하기에는 너무나 모호한 인물이기도 했다. 이로써 장차 오랜 세월에 걸쳐 그리스도교 신학과 역사를 통해 꾸준히 나타나게 될 각양각색의 바울들을 전시할 무대가 세워지게 된 것이다.

2부

유산

6장

경전으로서의 바울

2세기 초 베드로의 이름으로 작성된 한 문서는 바울의 편지들에 대한 아주 흥미로운 인식을 보여준다.

또 우리 주의 오래 참으심이 구원이 될 줄로 여기라. 우리가 사랑하는 형제 바울도 그 받은 지혜대로 너희에게 이같이 썼고 또 그 모든 편지에도 이런 일[주의 날을 올바르게 준비하는 일]에 관하여 말하였으되 그중에 알기 어려운 것이 더러 있으니 무식한 자들과 굳세지 못한 자들이 다른 성경과 같이 그것도 억지로 풀다가 스스로 멸망에 이르느니라 (베드로후서 3:15-16).

이 진술에 담긴 몇 가지 내용은 사람들이 2세기 이후부터 바울의 편지들을 어떻게 받아들였는지를 전형적으로 보여준다. 첫째, 그의 편지는 이해하기 어렵다. 둘째, 그의 편지는 "성경"의 지위를 가진 권위 있는 글이다. 셋째, 그의 편지는 해석상 논란의 여지가 많다. 넷째, 해석상의 논란이 너무 컸기 때문에 구원 자체가 위험에 처하게 되었다.

무엇이 바울의 편지들을 그렇게 이해하기 어렵게 만들었을까? 때로는 그가 사용한 표현 자체에 모호함이 들어 있기도 했다. 그가 "그리스도가 율법의 '텔로스'(telos)가 되신다"고 말했을 때(로마서 10:4), 그는 과연 율법의 **마침**(end)을 의미했을까 아니면 율법의 **완성**(fulfillment)을 의미했을까? 그리스어로는 두 가지 의미가 모두 가능하다. (수 세기 후 루터교 전통과 칼뱅주의 전통은 각각 다른 해석을 선택했다.) 후대의 관점에서 볼 때 바울 서신에 담긴 부활에 관한 진술들은 서로 상반된 이 두 견해 중 어느 하나와도 잘 조화를 이룬다. 죽음 이후의 "부활"의 삶은 과연 재구성된 몸을 수반하는가? 바울은 "혈과 육은 하나님 나라를 유업으로 받을 수 없다"(고린도전서 15:44, 50)고 말하면서 "영적인 몸"에 대해 신비스러운 언어로 말했다. 2세기의 많은 해석자에게 이것은 영이 현재 우리가 입고 있는 육체적인 몸으로부터 해방되는 것(비육체적인 몸을 의미하는 **영적인 몸**)을 의미했다. 한편 다른 이들에게 영적인 "몸"은 현재 우리의 몸이 초자연적으로 회복되고 새롭게 갱신되는 것이며, "혈과 육"이 배제된다는 것은 오직 죄로 물든 육체적 욕망만이 제거되는 것을 의미했다. 양쪽은 모두 바울이 자신들의 몸 신학을 지지한다고 주장했고 각기 상대방이 "무지"하고 "불안정"한 것으로 여겼다. 바울의 논쟁적인 스타일 자체가 그의 독자들마저 그의 뒤를 따르도록 부추겼다.

더 나아가 바울의 편지들은 체계적으로 작성된 논문집이 아니었기 때문에(2장을 보라) 같은 용어(예컨대, "율법")조차도 각기 다른 문맥에서 서로 다른 의미로 사용될 수 있었으며, 후대의 해석자들도 어떤 한 의미만을 선택하거나 또는 한 의미를 다른 의미보다 더 강조할 수도 있었다. 심지어 그가 살아 있는 동안에도 바울은 자기가 썼던 글이 잘못 해석된 것에 대해 이의를 제기하지 않으면 안 되었고(고린도전서 5:9), 그의 독자들의 몰이해를 더 이상 살아 생전에 "수정"해주지 못할 처지가 되었을 즈음에는 이미 다양한 해석이 대거 양산되고 있었다. 바울의 편지들은 종종 겉으로 드러나지 않은 전제들을 담고 있어서 그 행간을 해석자들이 메꾸어야 할 때가 있다. 그가 여자들은 "천사들 때문에" 그들의 머리를 가려야 한다고 말했을 때(고린도전서 11:10) 해석자들이 할 수 있는 것은 단지 천사들이 어떻게 이 일과 관련이 있는지 추측하는 것뿐이다. 또 한 가지 중요한 사실은 바울이 역설(paradox)을 좋아했다는 것이다. 그가 "내가 그리스도와 함께 십자가에 못 박혔나니, 그런즉 이제는 내가 사는 것이 아니요, 오직 내 안에 그리스도께서 사시는 것이라"고 말했을 때 그는 무슨 뜻으로 이 말을 했을까? 그리고 그는 어떻게 곧이어 "이제 내가 육체 안에 사는 것은…"(갈라디아서 2:20)이라는 말로 이어갈 수 있었던 것일까? 과연 그는 어떤 의미에서 그리스도와 함께 "못 박혔던" 것일까? 그는 어떤 의미에서 이제는 "내가" 사는 것이 아니라 그리스도가 산다라고 하는 것일까? 그리고 이제 "육체 안에 사는" "나는" 누구일까? 그런데 사실은 이러한 수수께끼와 같은 진술로부터 그리스도인의 존재성과 자아의 정체성에 관한 심오한 질문들, 곧 일종의 신학적 또는 철학적 사고의 틀(framework)이 요구되는 질문들이 제기된다. 하지만 어떤 틀을 사용하는 것이 과연 가장 적절한 것일까?

바울이 "이해하기 어려운" 인물이었다면 그는 또한 권위 있는 인물이기도 했다. 권위가 더해지면 더해질수록 그를 이해하려는 작업은 점점 더 어려워졌다. 베드로후서에서 바울의 편지들은 "다른 성경들"과 비교되는데, 이 시점에 이르러서는 그의 편지들이 유대인들과 그리스도인들이 "성경"이라고 부르고 나중에 그리스도인들이 "구약"이라고 명명한 책과 동등한 지위를 얻게 된 것으로 보인다. 초기 그리스도인들이 다수의 복음서와 서신들을 선별하고 필사하여 유통시키면서 자신들의 문서들로 이 "성경"을 보충하기에 이르렀을 때에는 바울의 편지들은 이미 그들이 가장 선호하는 부분(이제 우리가 "신약"이라고 부르는)의 많은 비중을 점하게 되었다. 성경적 지위는 특별한 독법을 요했고 이에 대한 기대감도 한층 높여주었다. 또한 이는 깊은 연구와 오랜 묵상을 장려했으며 특히 모든 이들의 유익을 위해 그 의미를 풀어주는 책임이 지식인들에게 주어졌을 경우에는 더더욱 그러했다. 바울의 편지들이 이 범주(성경) 안에 들어가게 됨에 따라 해석자들도 그의 편지 안에서 일종의 통일된 내적 일관성을 기대하게 되었고, 이와 같은 일관성은 단지 바울의 편지들 사이에 뿐 아니라 그의 편지와 성경의 나머지 부분과의 관계에까지도 확대 적용되었다. 그리고 바울이 성경의 다른 부분과 한목소리를 내지는 않더라도 이와 화음을 이룰 수 있도록 했을 때에는 여러 다양한 의미가 차단되기도 했지만, 다른 여러 의미가 새롭게 들리기도 했다. 바울의 목소리가 이 합창단에서 복음서들의 목소리에 묻혀버리든(흔히 가톨릭 전통에서처럼) 아니면 그가 솔리스트로 나서고 다른 문서들이 화음을 넣는 것을 기대하든(전형적인 개신교 전통에서처럼) 간에 어쨌든 이것은 오늘날에 이르기까지도 바울에 관한 다양한 해석의 중요한 변수로 자리 잡고 있다.

바울 서신이 성경적 지위를 갖는다는 것은 바울이 그의 글을 해석하는 이의 **현 상황**에도 발언권을 가질 것을 기대하게 만든다는 의미다. 성경으로서의 바울은 성령 또는 하나님의 말씀을 전달하는 수단으로 받아들여졌기 때문에, 그의 편지들을 해석하는 데 얼마나 많은 역사적인 지식이 필요하든지 간에 그의 목소리는 그가 살아 있는 동안뿐만 아니라 오늘날에 이르기까지도 계속 들려져야 하는 역할을 수행해왔다. 바울을 가장 철저하게 읽고 해석하는 사례는 바울의 목소리가 정경 안에서 가장 풍성하고 무게감 있게 들리는 영역에서 나타났다. 그의 편지들의 목회적인 측면—성적 윤리, 교회 공동체, 성령 안에서의 삶 등에 관한 그의 도덕적이고 실천적인 교훈—은 수세기에 걸쳐 설교자들과 교회 개척자들에게 끊임없는 자원을 제공해줄 만큼 심오하고도 광범위하다. 하지만 바울이 남긴 가장 큰 족적은 그가 구원의 내러티브를 서술한 범위와, 그가 개인적·사회적인 수준에서 그 의미를 해석하는 깊이에서 찾아볼 수 있다. 그는 이 영역에서만큼은 가히 독보적이라고 할 수 있으며, 모든 시대를 통틀어 가장 풍부한 사고력을 가진 그리스도교 신학자였기에 그가 남긴 유산은 가히 엄청나다 하겠다.

바울의 비전은 태초부터 영원까지 광범위하게 펼쳐진다. 그의 인류 역사는 아담과 함께 시작되고(그는 아담을 거의 문자적으로 첫 인간으로 이해했다) 그리스도의 재림("강림")과 함께 그 절정에 이른다. 그는 자신이 아마도 이 역사의 마지막 세대에 살고 있다고 믿었다. 하지만 후대 해석자들은 그의 신학의 다른 부분은 거의 대부분 그대로 남겨두면서도 이 시간표를 자신들이 살고 있는 시대와 그 이후에까지 확대해나갔다. 바울이 구상한 구원의 긴 시간표는 성경에서 소개하는 이스라엘의 역사도 포함했다. 바울에게 있어 이 역사의 몇몇 이야기는 예증적인 의미를 담고 있었지만, 이 성경 전반에 걸쳐 나타난 교훈들을 찾아내어 그의 이방인 개종자들에게까지 적용한 그의 탁월한 능력은 성경을 읽는 후대 독자들에게 결정적인 해석학적 실마리를 제공해주었다. 그리고 바울이 이해한 구원의 영역은 우주만큼 넓고 하나님의 비밀스러운 계획에 근거를 두고 있을 뿐 아니라(에베소서 1장) 그 우주의 "해방"을 향해 나아가기 때문에(로마서) 바울은 신학자들에게 시간과 공간을 가장 폭넓은 차원에서 해석하는 데 필요한 도구들을 제공해주었다.

 이러한 그의 비전의 크기에 상응하는 것이 바로 인간의 상태를 파악하는 그의 분석력의 깊이다. 신약성경 중에서 바울만큼 인간을 비롯해 그들의 곤란한 처지에 대해 이처럼 광범위하면서도 흥미로운 내용을 다룬 문서는 찾아보기 어렵다. 여기서 가장 핵심적인 것은 바울이 사용한 "죄" 용어인데, 그는 이 용어를 위법 행위들(복수형으로 "죄들")을 가리키는 데 사용하기도 하고, 때로는 인류를 사로잡고 있는 어떤 세력(단수형으로 "죄")을 가리키는 데 사용하기도 한다. 그런 의미에서 죄가 로마서에서 세 차례나 반복적으로 묘사된 사실(로마서 1-3장, 5장, 7장)은 후대에 엄청난 영향력을 행사했다. 여기서 인간의 처지는 보편적인 캔버스 위에서 아주 생생하게 그려진다. "유대인이나 헬라인[비유대인]이나 다 죄 아래에 있다"(로마서 3:9). 왜냐하면 "모든 사람이 죄를 범하였으매 하나님의 영광에 이르지 못하기" 때문이다(로마서 3:23). 그리고 죄와 심판과 사망의 연계는 아담으로부터 인류 역사 전반으로 이어지고(로마서 5:12-21), 특별히 인상적인 본문에서 "나"라는 존재는 "율법"을 통해 역사하는 죄로 인해 선을 행하려는 노력이 영구히 좌절되는 모습으로 그려진다(로마서 7:7-25). 차후 그리스도교 전통에서 죄는 다양한 방식—뒤틀린 욕망, 악마의 사역, 이기적인 교만, 또는 단순히 모든 것을 엉망으로 만드는 우리의 알지 못하는 성향 등—으로 해석되어 왔다. 그러나 이 모든 이론의 뿌리에는 대체적으로 로마서의 다양한 담론이 자리 잡고 있다.

또한 바울은 이런 복잡한 인간 상태에 대한 분석에 버금가는 수준에서 구원과 관련된 수많은 핵심적인 은유를 제시했다. 칭의(사법 용어), 속량과 해방(노예제도 용어), 속죄(제사 의식 용어), 축복, 생명, 입양, "그리스도에게로"의 참여 등 이 모든 은유는 구원의 의미를 탐구할 수 있는 커다란 보고를 제공했다. 대체적으로 서구 그리스도교 전통은 아우구스티누스의 관점을 이어받아 바울의 제의적이며 사법적인 은유에 크게 의존해왔다. 동방 교회 전통에서는 요한네스 크리소스토모스와 카파도키아 교부들(4세기 이후부터 대 바실리오스[Basil the Great], 니사의 그레고리오스, 나지안주스의 그레고리오스)의 영향 하에 신자가 성령을 통해 하나님께 참여하도록 이끌리는 "변화"와 "갱생"의 은유가 지배적이었다. 바울의 언어는 여러 철학적인 관점과 잘 조화를 이룰 정도로 적응력이 뛰어나며, 구원 및 이에 따른 인간의 자아실현에 관한 그의 이해는 스토아 학파, (신)플라톤주의 혹은 아리스토텔레스주의, 그리고 현대에 와서는 헤겔 혹은 실존주의 철학자 등에 의해 다양한 철학적 옷이 입혀졌다.

해석은 단순히 반복을 의미하지 않는다. 해석자들이 제아무리 바울에게 "충성스러운" 자로 남고 싶어도 그가 한 말을 단순히 반복한 사람은 아무도 없다. 심지어 그의 말을 다른 언어로 번역하는 작업조차도 어떤 면에서는 해석의 한 행위이지만, 본문을 선택하는 것과 어떤 본문에 우선권을 부여할지를 결정하는 것 역시 마찬가지다. 분명한 사실은 그 누구도 "진공 상태에서" 글을 읽는 사람은 없다는 것이다. 불가피하면서도 당연한 사실이 하나 있다. 그것은 바로 본문(어떤 본문이든지 간에)을 해석하는 사람은 모두 각자의 관심사와 정황 그리고 개성을 본문에 투영한다는 사실이다. 이런 현상은 심지어 자기 자신들이 가지고 있던 전제들을 그 본문이 깨뜨려버려 주기를 원하는 가운데에서도 일어난다. 그런 의미에서 어떤 본문의 해석은 어떤 면에서 연극을 공연하는 것과 상당히 흡사하다. 대본이 아무리 오래된 고대 작품이거나 또는 아무리 그 대본에 "충실한" 연기를 한다 할지라도 현대의 훌륭한 공연에는 항상 무언가 참신하고 새로운 의미가 담기게 마련이다. 이러한 "현대화 작업"은 바울의 편지들을 철저하게 역사적 "재구성"을 통해 이해하려는 해석에서도 발생하며, 이 본문들이 경전의 기능을 수행하는 경우에는 더더욱 명백하게 그리고 당당하게 이루어진다. 일반적으로 바울의 그리스도인 독자들은 성경의 나머지 부분과 마찬가지로 그 본문이 "살아 있는" 본문이 되게 할 책임이 자신들에게 있다고 느껴왔으며, 이런 현상은 그들이 아무리 그 본문이 아주 먼 옛날에 작성된 것임을 인식한다 하더라도 동일하게 일어난다.

따라서 바울의 유산은 기초 자본이 고갈되지 않는 상태에서 매년 지속적으로 배당금을 지불하고 있는 셈이다. 사실 잉여금이 아직 남아 있다는 느낌이 간혹 들긴 하지만, 지속적으로 원금에만 의존한다는 느낌도 결코 지울 수 없다. 바울신학 해석자들은 때때로 자신들이 본문의 의미를 한정하거나 자신들의 신학적 관점을 관철하기 위해 본문을 조작해 본문의 본래 의미를 완전히 무시한다는 비판을 받아온 것도 사실이다. 하지만 또한 우리는 이와는 정반대의 느낌을 받을 때도 종종 있다. 즉 때로는 그들이 정말 끝이 보이지 않을 정도로 많은 "잠재적 의미"를 한 본문에서 찾아낸다는 것이다. 따라서 이 편지들에 관한 해석의 역사는 이 작업을 단 하나의 원래 의미를 찾는 수천 년의 탐구, 즉 마치 역사학자들이 궁극적으로 "성배"를 찾아나가는 작업인 양 이해해서는 안 된다. 오히려 우리는 이 작업을 각 시대와 각기 새로운 정황에 속한 해석자들이 이 본문들과 깊은 대화를 나누면서 결코 최종적이거나 수정 불가능한 단 하나의 의미가 아니라 여러 가능성을 담고 있는 다양한 의미를 탐색하는 것으로 이해해야 할 것이다. 이러한 대화는 바울이 (서구) 세계의 문화적 전통 안에서 호소력 있는 목소리로 인정받는 한 결코 중단되지 않을 것이며, 만약 중단된다 하더라도 그리스도교 경전이 이를 받아들이고 묵상하는 교회에 의해 지속적으로 읽히는 한 이 대화는 결코 중단되지 않을 것이다.

7장

아우구스티누스와 서구 교회

그리스도교 역사는 로마 황제 콘스탄티누스가 그리스도교로 개종하면서(기원후 312년) 근본적인 변화를 경험하게 되었다. 그 직후 로마 정부는 교회들에게 재정적·정치적 지원을 하기 시작했고 로마 사회와 문화는 서서히 그러면서도 확실하게 "그리스도교화"되어갔다. 교회들이 성장하고 학력이 높은 지성인들이 교회로 영입되면서 그리스도교 경전은 중심 문화의 본문이라는 지위를 갖게 되었고 바울의 편지들은 로마 세계를 비롯한 모든 사회 계층의 예배와 설교에서 들려지게 되었다. 바울은 당대의 가장 훌륭한 연설가 중 하나였던 요한네스 크리소스토모스(347-407년)가 특히 좋아했던 인물이었다. 그가 안디옥과 콘스탄티노플에서 행한 바울 서신에 관한 강력한 설교들은 아직도 동방 정교회에서는 엄청난 영향력을 행사할 정도다. 한편 라틴어를 구사하는 서방 교회에서는 4세기 지성인들 가운데 바울 서신에 관한 주석을 쓴 사람이 여럿 있었다. 그런데 그중 모두를 능가하는 뛰어난 인물이 하나 있었으니 그가 바로 히포 출신의 아우구스티누스(354-430년)였다. 그는 바울을 이해하는 데 있어 그 깊이뿐 아니라 후대 서구 신학에 끼친 영향력 면에 있어서도 모두를 능가했다.

아우구스티누스는 수사학과 철학을 잘 연마한, 당대에 가장 출중한 인물 중 하나였다. 비록 그의 어머니 모니카가 그리스도인이었지만, 그는 처음에는 마니교 운동의 일원이었다. 마니교는 그리스도교와 조로아스터교 전통을 융합시킨 것으로서 바울 사상의 상반되는 개념 구조를 인간의 운명을 결정짓는 서로 대립하는 두 우주적 세력을 상정하는 데 사용했다. 마니교의 이러한 해석은 악의 기원에 대한 설명을 분명하게 제시해주었는데 바로 이것이 아우구스티누스가 평생 동안 씨름해왔던 문제였다. 『참회록』에 소개된 바에 의하면 그의 그리스도교로의 개종은 그로 하여금 그의 신학적 질문들을 재설정하고 이에 대한 새로운 해답을 찾도록 유도했다. 그리고 그러한 질문들에 대한 해답을 찾아나가는 과정에서 바울의 편지들을 읽고 또 읽는 작업은 아우구스티누스의 신학을 형성하는 데 가장 중요한 부분을 차지하게 되었다. 비록 그의 일부 극단적인 결론은 그의 생애에서뿐 아니라 그 이후에도 상당히 커다란 논란을 일으켰지만, 그는 서구의 바울 해석 전통을 형성하는 데 큰 몫을 담당했다. 심지어 모든 중세 및 종교 개혁이 제시한 바울 해석은 어느 정도 서로 다른 점이 있다 하더라도 사실은 거의 아우구스티누스의 전통을 이어받은 것이라고 해도 과언이 아닐 정도로 그에게 큰 영향을 받았다.

아우구스티누스는 바울(특히 로마서)을 태초의 천지 창조(로마서 1장)로부터 시작해 만물의 최종적이며 영원한 회복(로마서 8장)으로 마무리되는 인류의 보편적 이야기를 서술한 인물로 받아들였다. 우리가 처한 보편적 곤경은 외부의 세력에 의해 부과된 것이 아니라 인간의 죄의 결과이며, 이 죄는 아담 이후 모든 인류에게 영향을 미친 아담의 원죄였던 것이다(로마서 5장). 바울의 율법 용어를 탐구한 아우구스티누스는 근본적으로 이 죄를 불순종으로 해석했고 이 죄는 마땅히 하나님에 의해 처벌받아야 한다고 보았다. 그의 독특한 공헌은 이 불순종의 기원을 인간의 마음 내면 한구석에 웅크리고 남아 있는 교만과 의지적 자기 의존성까지 역추적한 데 있다. 아우구스티누스에게 있어 죄의 본질은 하나님과 같이 되려는 바람이다(창세기 3:5). 즉 하나님 대신 자기 자신에게 공로를 부여하는 것이다. 이러한 사고의 틀은 아우구스티누스가 "그리스도에 대한 믿음"과 "율법의 행위"(갈라디아서 2:16; 로마서 3:19-31; 9:30-10:4)에 대한 바울의 상반된 개념을 이해하는 데 크게 기여했다. 한편, 아우구스티누스와 동시대 인물인 히에로니무스(342-420년경)는 당시의 공통된 견해를 따라 "율법의 행위"가 그리스도에 의해 무용지물이 된 유대인의 문화적 관습(예컨대 안식일, 할례, 음식 등에 관한 율법)을 의미한다고 보았다. 하지만 아우구스티누스는 이 해석에 동의하지 않았다. 즉 바울은 유대 신자들이 그런 관습들을 지속적으로 행하는 것에 대해 반대하지 않았으며 문제의 핵심은 관습 자체라기보다는 그 관습을 이행하는 데 수반되는 교만한 태도로 보았다는 것이다. 아우구스티누스는 이 문맥(예를 들면 로마서 2-4장)에서 바울이 사용한 "자랑" 용어를 강조하면서 이런 자랑은 일반적인 "행위들"과 관련이 있는 것이지, 구체적으로 딱 집어서 "율법의 행위"(예를 들면 로마서 3:27; 4:1-5; 11:6; 에베소서 2:8-9)를 가리키는 것이 아니었다고 지적했다. 다시 말하면, 바울이 공격한 오류는 잘못된 행동을 하는 것(시대에 뒤떨어지는 유대 관습들)이 아니라 그 행위의 공덕을 자신에게 돌리면서 심지어 옳은 일이라 하더라도 그것을 교만한 마음으로 하는 것이었다. 아우구스티누스에 의하면 하나님의 은혜는 어떤 자격과 무관하게 주어지는 것이며, 자신이 행한 일에 대해 공덕을 자기 자신에게 돌리는 것이 가장 심각한 형태의 죄였다.

만약 우리가 선한 하나님에 의해 창조되었고 이로써 선한 존재로 창조되었다면 우리는 왜 이런 잘못된 오류에 빠지는 것일까? 여기서 아우구스티누스는 바울의 용어를 인간 의지의 심오함, 곧 우리에게 동기를 부여하는 욕구를 분석하는 데 활용한다. 하나님에 의해 창조된 우리의 참된 욕구는 모든 선의 근원이신 우리의 창조주를 겸손하게 의지하면서 그 하나님을 찾는다. 인간의 죄는 바로 이러한 욕구들이 왜곡(perversion)된 것이다. 즉 이는 영적인 것보다는 물질적인 것을 구할 뿐만 아니라, 하나님 사랑(타인을 향한 올바른 사랑의 뿌리)을 개인의 자아 사랑으로 왜곡시키고 우리의 이기적인 욕구를 만족시킴으로써 우리 자신에게 집중하는 것을 의미한다. 아우구스티누스는 로마서 7장에 매료당했으며 원하는 선은 하지 못하고 끊임없이 정반대의 것을 하길 원하는, 즉 선한 것은 거부하고 잘못된 것을 추구하려는 우리 내면에 깊이 뿌리박힌 잘못된 성향에 굴복하는 "나"를 묘사하는 것에 깊이 심취했다. 그는 바울이 거기서 율법이 어떤 의미에서든 이 문제를 악화시키는 것으로 묘사한다는 사실에 깊은 인상을 받았다(로마서 7:7-13). 그는 이와 관련하여 자신이 어렸을 때에 나무에 달린 배를 훔친 기억을 되살리면서 이 행동이 분명히 금지된 것이었기에 훨씬 더 큰 즐거움을 선사했다는 사실을 떠올린다. 바울은 십계명 중 하나이자 "타락"(창세기 3:6)의 반향인 "남의 것을 탐내지 말라"는 계명을 개별적으로 지목한다(로마서 7:7). 아우구스티누스 자신은 성적 욕구와 오랫동안 싸웠지만 결국 실패했는데 그는 남성의 성적 욕구가 자기도 모르게 본능적으로 일어날 수 있다는 사실에 깊은 인상을 받았다. 만약 이러한 불편한 욕구가 인간의 정신(psyche)에 깊이 뿌리박혀 있다면 그것은 단순히 의식적인 의지의 결과가 아니라는 것이다. 신생아들에게 세례를 베푸는 것이 북 아프리카 교회의 전통이었기 때문에 이러한 교회의 관습은 죄책감과 죄의 세력 역시 어느 정도 태어날 때부터 고질적으로 나타나는 것임을 암시했다. 아우구스티누스는 로마서 5:12의 라틴어 번역을 따라("죄가 한 사람을 통해 세상에 왔고…그 안에서 모두가 죄를 범했다") 죄책감은 아담이 지은 원 범죄로부터 물려받아 출산을 통해 대대로 내려왔다고 생각했다. 궁극적으로 우리 중에 우리 부모의 성적 결합을 야기한 성욕 없이 이 세상에 태어난 사람은 아무도 없다는 것이다.

아우구스티누스에게 복음의 핵심은 단 한 단어로 요약될 수 있다. 그것은 은혜(라틴어로 "그라티아"[*gratia*])였다. 그는 이것이 바울이 쓴 로마서의 핵심 주제라고 생각했으며, 이 주제를 탐색하고 발전시킨 그의 방식들은(때로는 극단적으로) 오늘날에 이르기까지 가톨릭 신학과 개신교 신학을 형성하는 데 큰 몫을 담당했다. 은혜는 교만을 처리하기에 가장 좋은 해독제다. 왜냐하면 "네게 있는 것 중에 받지 아니한 것이 무엇이냐?"(고린도전서 4:7)라는 바울의 질문에 대한 답은 아무것도 없다는 것이기 때문이다. 은혜는 단순히 선물이나 호의가 아니라 인간의 행위(agency), 심지어 인간의 의지 안으로 깊이 파고든 어떤 세력이다. 이 비뚤어진 우리의 의지가 어떻게 우리 자신으로부터 하나님께로 돌아설 수 있을까? 아우구스티누스가 즐겨 인용했던 본문에서(그는 이 본문을 200번 이상 직접 인용했고 셀 수 없을 만큼 암시적으로 인용했다) 바울은 "우리에게 주신 성령으로 말미암아 하나님의 사랑이 우리 마음에 부은바 되었다"(로마서 5:5)라고 썼다. 아우구스티누스는 이 본문에서 언급된 "하나님의 사랑"을 우리가 하나님을 사랑하는 것으로 해석했다. 다시 말하면 하나님이 성령을 통해 우리 마음속에 하나님의 사랑을 심어주지 않는 한, 우리는 하나님을 사랑할 수 없다(즉 하나님과 올바른 관계를 회복할 수 없다)는 것이다. 우리의 모든 선은 하나님의 은혜로우신 행위에 의해 실행되는 것이다.

아우구스티누스는 인간의 "자유 의지" 용어를 유지하면서도 바울 서신 안에서 우리의 행동뿐 아니라 우리의 의지 안에서 역사하는 하나님의 동인(agency)을 부각시킬 만한 이유를 발견했다. "하나님은 너희 안에서 선의를 원하고 행하도록 역사하신다"(빌립보서 2:13에 대한 라틴어 번역). 하지만 은혜와 자유 의지의 관계의 문제는 논란의 대상이었고, 교양이 있는 영국 수도승 펠라기우스와 벌인 쓰디쓴 논쟁에서 더욱더 날카롭게 나타났다. 펠라기우스는 아우구스티누스의 용어에 이의를 제기하며 우리가 선한 일을 행할 수 있는 능력을 창조하시고 또 그 일을 행할 수 있도록 동기를 부여해주시는 하나님의 은혜는 우리가 선이나 악을 행하는 문제에까지 침범하지 않는다고 주장했다. 이러한 상반된 견해를 가지고 열띤 공방을 벌이는 가운데 아우구스티누스는 "펠라기우스적"이라는 형용사를 고안해냈으며 그 이후로 이 단어는 은혜에 대한 부적절한 견해와 관련된 용어로 지금까지 사용되고 있다. 하지만 이 쟁점들은 상당히 난해한 문제로 남았고, 아우구스티누스가 신적 은혜의 효과(efficacy)에 대해 반추하면 할수록 그는 바울의 예정론에 관한 용어를 더욱더 발전시켜나갔다. 바울의 편지들은 심지어 선택과 예정(예를 들면 로마서 8:28)이 "창세 전에"(에베소서 1:4) 이루어진 것으로 언급하며, 모든 바울 해석자를 혼란에 빠뜨리기로 악명이 높은 본문은 어떤 이들에게는 구원이, 또 어떤 이들에게는 파멸이 예정되어 있다고 암시한다(로마서 9:6-26). 아우구스티누스는 이런 개념들을 매우 심각하고 중요한 것으로 받아들인다. 비록 모든 인간은 죄에 대한 하나님의 정의로우신 심판 때문에 멸망할 수밖에 없지만, 어떤 이들은 자기 자신의 공로 때문이 아닌, 은혜의 신비로운 활동에 의해 영생을 얻도록 선택받았다는 것이다. 바울 자신도 하나님의 자비를 신비(mystery)라고 여겼고(로마서 11:33-36) 아우구스티누스 역시도 그렇게 남겨두는 방향을 선택했다.

은혜에 대한 아우구스티누스의 급진적인 해석들은 가능하긴 하지만 필수적인 바울 읽기는 아니었으며 성경의 다른 본문들과 상당한 긴장을 초래했다. 그가 생을 마감할 시기에 이르러서는 심지어 그를 흠모하던 사람들 중에서도 그가 너무 극단적으로 나아갔다고 생각하는 사람들이 생겨났고 후대 신학자들은 때로는 그의 일부 극단적인 결론에 대해 자신들의 지지를 거두

어들이기도 했다. 하지만 그가 바울에 근거해서 은혜가 그리스도교 교리 및 그리스도인의 삶의 중심이라고 주장한 데 대해 도전장을 내민 사람은 거의 없었다. 은혜가 정확하게 어떻게 "자연"과 "자유 의지" 그리고 "자격"과 연결되는지는 앞으로도 수 세기에 걸쳐 논쟁의 대상이 되겠지만, 하나님의 과분한 은혜가 어떤 의미에서든 신자의 존재 자체의 구성 요소라는 바울의 개념은 아우구스티누스의 정확하고 강력한 수사학을 통해 역사 속에서 지속적으로 울려 퍼질 것이다. 아우구스티누스의 천재성은 바로 이 모티브를 평범한 신자의 개인적인 경험과 연결시킨 데 있다. 바울이 "내가 나 된 것은 하나님의 은혜로 된 것"(고린도전서 15:10)이라고 말한 것처럼, 아우구스티누스는 은혜를 날마다 주기도문을 통해 용서와 하나님의 도움을 구하는 신자의 몸부림과 연관시켰다. 아우구스티누스 자신의 깊은 영성을 비롯해 그가 복잡한 목회적인 문제들에 감독으로서 직접 관여했다는 사실은 그를 단지 탁상공론적인 신학자로만 치부할 수 없게 만든다. 그의 강한 성격과 뛰어난 논쟁 능력은 마치 일종의 확성기처럼 바울이 말하고자 하는 취지를 다소 변질시켰을 지는 모르지만, 바울의 목소리가 더 명료하게 들리게 함으로써 그리스도인들이 대대로 바울을 묵상할 수 있는 길을 열어주었다고 할 수 있다.

아우구스티누스의 영향력은 서구의 중세 신학에서 바울의 편지들이 중심적인 역할을 하는 데 한 몫을 담당했다. 캔터베리의 안셀무스(1033-1109년경)는 바울이 그리스도의 죽음을 제사로 묘사한 것(로마서 3장)에 착안하여 어떻게 이 죽음이 하나님의 심판을 만족시켰고, 어떻게 인류 대신 하나님의 진노를 흡수하게 되었는지를 설명했다. 바울이 말하는 "그[그리스도]의 고난에 참여하는 것" 및 "그의 죽으심을 본받는 것"(빌립보서 3:10)과 더불어 바울의 신비로운 경험들(고린도후서 12:1-4)은 수많은 유형의 그리스도교 신비주의에 영향을 미친 반면, 그가 선호한 독신주의(고린도전서 7장)는 그리스도교 금욕주의에 새로운 동기를 불어넣어 주었으며 특히 수도승들에 의해 실천에 옮겨졌다. 그러나 바울은 아우구스티누스의 영향 아래 사람들로부터 특별히 뛰어난 지성과 체계적인 일관성을 두루 갖춘 신학자로 존경을 받았다. 세부 내용에 지나치게 집착하는 것으로 악명이 높은 "스콜라" 신학자들은 모든 진리―과학적·철학적·역사적 진리―를 그리스도교 신앙의 틀 안에 집어넣는 데 깊은 관심을 기울였다. 바울의 편지들이 자연, 역사, 인식론, 구원, 종말론 전반을 다루고 있기 때문에 그의 목소리가 이러한 작업을 시도하는 데 중요한 역할을 담당했지만, 그리스도교 교리를 총체적이며 체계적으로 만들어야 한다는 압박은 바울을 우리에게 그리 익숙하지 않은 틀 안으로 밀어 넣는 결과를 초래했다. 페트루스 롬바르두스(Pierre Lombard, 1100-60년경)의 네 권으로 된 『명제집』과 토마스 아퀴나스(Thomas Aquinas, 1225-74년경)의 『신학대전』은 중세에 그리스도교로부터 완벽한 학문 체계를 수립하려 했던 가장 영향력 있는 두 작품이다. 바울의 본문들과 주제들은 이 두 작품 안에서 서로 엮여 있지만, 또한 다른 성경 줄거리와 철학에 관한 그리스도교적 해석과도 함께 섞여 있다. 후대의 일부 신학자에게는 이것이 바울의 성경적 권위를 인정하는 유일한 방법이었다. 그러나 다른 이들에게는 이것이 그의 급진적인 사상의 예리함을 둔화시키는 길이기도 했다. 롬바르두스와 아퀴나스는 많은 스콜라 학자처럼 바울 서신에 대한 주석서를 썼다. 그들은 거기서 바울 서신의 특수성을 각기 자신들의 폭넓은 성경적·신학적 사고 구조와 연관시키려고 노력했지만, 때로는 상당한 어려움을 겪기도 했다. 바울의 관심사와 일치하지 않는 그리스도교 교리에 관한 문제들을 다루어야 할 때에는 바울의 목소리가 잘못 해석될 위험성이 항상 도사리고 있다. 그리스도교 신학 전통 안에서 그가 차지하는 위상 때문에 그의 편지들은 정말 감당할 수 없는 책임(무게)을 짊어질 수밖에 없다.

요즈음 어떤 이들은 바울을 조직신학자로 만들려는 시도 자체가 전적으로 잘못된 발상이라고 생각한다. 중구난방으로 "날뛰는" 그의 논리와 과장된 수사학이 넘쳐나는 그의 상황 대응적 1세기 편지들은 통합된 하나의 교리 체계라는 냉철하고도 합리적인 영역에 속한다고 볼 수 없는 신학 장르에 속한다는 것이다. 이런 관점에서 보면 아우구스티누스의 바울 신학 해석은 바울 자신의 관심사와는 거리가 먼 자아와 의지 그리고 양심에 관한 질문을 그에게 강요하는 것으로서 원 바울에 대한 시대착오적인 발상으로 보일 수도 있다. 하지만 우리가 이미 살펴본 바와 같이 이러한 중요한 본문들에 대한 해석은 그 본문의 "원의미"를 재발견하는 데에만 국한될 수 없다. 아우구스티누스가 남긴 유산에 얼마나 동의할지 여부와 상관없이, 그가 바울과 함께 깊이 나눈 대화가 실로 풍요롭고 심오했을 뿐만 아니라 서구 신학과 문화에 지대한 영향을 미쳤다는 사실은 결코 부인하기 어려울 것이다.

8장

◇

개신교 전통 안에서의 바울

16세기 종교개혁자들이 바울에게 부여한 핵심적인 역할은 개신교주의가 신학과 예전과 영성에 있어 매우 "바울적인" 성격을 띠도록 만들었다. 비록 세례와 성만찬 그리고 그리스도와의 연합과 부활에 관한 바울의 진술들이 그리스도교 전반에 걸쳐 상당한 영향력을 행사하긴 했지만, 성경 전체를 바울의 관점에서 읽을 뿐만 아니라 그리스도교 신학 전체를 동일한 관점으로 통일하려는 시도는 전적으로 개신교의 독특한 현상이었다.

비록 마르틴 루터(1483-1546년)가 성경(이제는 히브리어와 그리스어 원어로 새롭게 접근이 가능해진)의 권위를, 그것이 전통적이든 제도적이든 간에, 그리스도교의 다른 모든 권위 위에 올려놓았지만, 신구약성경 모두를 해석할 수 있는 열쇠를 제공해준 것은 바로 바울의 편지들이었다. 심지어 예수의 삶과 가르침조차도 바울의 "은사"(선물)의 관점에서 이해해야 할 정도로 복음서들 역시 바울 서신에게 종속되었다. 루터가 바울에게 끌린 데는 여러 가지 이유가 있었다. 루터도 자신이 복음의 진리가 극도로 기만적인 세력과 마지막 투쟁을 벌이는 "묵시" 시대를 살고 있다고 생각했기 때문에 바울의 날카로운 논쟁은 그의 사고와 잘 맞아떨어졌다. 바울이 제시한 예수의 십자가와 인간의 "지혜" 또는 "강함"(고린도전서 1:18-31; 갈라디아서 6:14-15)의 극명한 대조는 중세 신학의 중심 축을 형성했던 아리스토텔레스의 철학을 단호하게 거부했던 루터의 마음에 기름을 부었다. 이는 또한 그로 하여금 하나님의 은사와 인간의 성취 간의 극명한 양극성(polarity)을 볼 수 있게 해주었다. 루터는 바울이 하나님의 은혜와 인간의 가치 간의 부조화를 강조한다는 사실을 마음속 깊이 받아들였다. 그는 이 아우구스티누스적인 주제를 발전시켜 중세 교회에서 종교 생활의 기반으로 삼았던 공로 이념(the ideology of merit)을 정면으로 공격하는 무기로 삼았다. 면죄부를 구입하고, 죽은 자를 위한 미사를 의뢰하며, 순결과 가난을 그리스도인의 더 숭고한 소명으로 여기고, 심지어 미사를 하나님께 드리는 제사로 간주하는 행위는 모두 루터에게는 현세에서 나 내세에서 하나님의 호의를 얻기 위한 "행위"라는 실적을 쌓는 것으로 이해되었다. 하지만 루터는 바울이 칭의 또는 구원을 논의할 때에는 "행위"(또는 "율법의 행위")와 믿음을 서로 **대치**시켰다고 주장했다. 왜냐하면 믿음은 공로와 상관없이 이미 충분히 그리고 값없이 주어진 그리스도의 선물을 움켜쥐는 것인 반면, "행위"는 인간의 행위가 구원을 얻는 수단이 된다는 잘못된 생각과 죄악에 물든 자신감을 나타내는 것이기 때문이다. 사실 "율법"에 대한 바울의 부정적인 진술들은 루터로 하여금 "율법"과 "복음" 간의 광범위한 대비(antithesis)를 발전시키도록 부추겼다. 율법은 우리의 깊은 죄성을 드러내면서도 우리를 그 곤란한 처지로부터 구할 수 없는 정당한 하나님의 요구를 나타내는 반면, 복음은 하나님이 구원을 위해 필요한 모든 것을 이미 그리스도 안에서 우리에게 주셨다는 기쁜 소식이다.

    루터는 자신이 바울의 언어를 새로운 정황에 적용하고 있다는 사실을 알고 있었지만, 그는 바울의 원래 상황이 자기 자신이 현재 처한 상황과 흡사하다는 것이 하나님의 섭리라고 생각했다. 바울이 쓴 갈라디아서는 그가 가장 좋아하는 편지였는데, 그는 이 편지를 "내 카타리나 폰 보라"(그의 아내)라고 불렀다. 이 편지에서 바울은 "그리스도에 대한 믿음"과 "율법의 행위"의 대비를 통해 비유대인들도 모세의 율법을 받아들이도록 하려는 압력에 저항했는데(2장을 보라), 루터는 바로 이것이 자기 시대에 가장 크게 대두되고 있던 문제라고 생각했다. 또한 바울은 루터가 베드로의 후계자인 교황의 권위에 도전했던 것처럼 그 당시 베드로의 잘못에 반대하며 용감무쌍하게 싸웠다. 즉 바울의 "칭의" 언어에 근본적으로 새로운 해석이 주어진 것이다. 바울은 하나님이 도덕적인 변화를 통해 **우리를 의로운 자로 만드시는 것**에 관해 말하고 있는 것이 아니라, 하나님은 우리가 믿음으로 그리스도와 연합되어 있는 한, **우리를 의롭다고 여겨주시는 것**에 관해 말하고 있다는 것이다. 우리는 아직도 흠 있고 죄로 물든 상태로 남아 있지만, 그리스도 안에서 우리는 의롭다 함을 얻은 것이다("우리는 의롭다 함을 받은 자임과 동시에 죄인이다"). 이러한 역설은 루터가 왜 바울의 역설적인 표현들("이제는 내가 사는 것이 아니요, 오직 내 안에 그리스도께서 사시는 것이라", 갈라디아서 2:20)에 매료되었는지를 잘 보여준다. 또한 이는 오직 역설만이 우리가 하나님을, 그리고 신자들의 비정상적인 상태를 이해할 수 있는 유일한 방법임을 시사한다. 바울의 극도로 개인적인 언어 역시 루터에게는 상당히 중요했다. 왜냐하면 믿음은 반복적으로 하나님의 과분한 은혜를 의지하는 모습으로 되돌아가는 것이며, 비록 예배와 설교와 성만찬 등과 같이 한 공동체 안에서 이루어지는 활동에 의해 더 향상된다 하더라도 각 개인이 행사해야만 하는 것이기 때문이다. 어떤 지위나 상태에 있든지 간에 그리스도가 "나를 위해" 죽으셨다(갈라디아서 2:20)는 사실을 인정하는 것이 루터 이후 개신교 영성의 핵심 정서로 자리 잡게 되었다.

루터는 바울의 은혜 신학을 하나님의 호의를 얻으려고 안간힘을 쓰는 그리스도인들에게 자유를 주기 위해 사용했다. 그는 그들이 하나님의 호의를 얻는 데 관심을 보이기보다는 오히려 다른 이들에게 자신들을 값없이 그리고 이타적으로 줄 수 있게 되기를 원했다. 이러한 "내리 은혜" 안에서 이웃을 위한 자발적 섬김이 이제는 어떤 보상을 기대하거나 필요로 하지 않는 상황에서도 이루어지게 되었으며, 이러한 강조는 서구의 "순수 기부"(pure gift)라는 개념이 안착되는 데 상당 부분 기여했다. 그리고 성욕 억제든 자발적 가난이든 더 이상 하나님께 더 가까이 나아갈 수 있는 다른 소명이 없어지자, 루터는 모든 사회적·경제적 소명(vocation, 직업)을 동일한 가치를 지닌 그리스도인의 봉사의 장으로 만들었다. 바울의 독신주의 조언(고린도전서 7장)을 결혼보다 성적 순결을 더 우선순위에 놓는 것으로 이해한 오래된 해석 전통에 대항하면서 루터는 자신의 수도승 서약을 파기하고 수녀와 결혼해 여러 명의 자식을 낳았으며 결혼과 가정생활의 소박함을 향유했다. 평범한 가정, 노동, 사회적 의무의 지위를 향상시킴으로써(골로새서와 에베소서의 가정생활 규범에 따라) 루터는 영적 서열 없이 오히려 삶 전체를 "신성한 것"으로 만들려는 노력을 아끼지 않았다. 비록 어떤 이들은 이러한 전환이 의도치 않게 서구 사회를 세속화의 길로 인도한 첫 발걸음이었다고 여기기도 하지만, 이것이 현대의 평등과 민주주의 개념을 발전시키는 데 큰 원동력이 되었다는 점에는 조금도 의심의 여지가 없다.

장 칼뱅(1509-1564년)도 똑같이 바울 중심의 성경 해석자였다. 그는 언젠가 바울이 쓴 로마서를 "성경의 모든 심오한 보물로 인도하는 열린 문"이라고 묘사한 적이 있다. 고전 학문의 방법론과 기술을 잘 연마한 칼뱅은 바울 서신 전체에 대한 주석을 썼지만(그 이후 성경 거의 대부분에 대한 주석도 썼다), 그는 그의 『기독교 강요』에서 바울의 렌즈를 통해 성경의 여러 신학을 종합하는 작업을 완수했다. 칼뱅은 바울의 "옛 언약"과 "새 언약"의 대비(고린도후서 3장)를 역사의 총체적인 윤곽을 보여주는 데 활용하였으며 그 윤곽 안에서 이스라엘의 역사는 하나님의 은혜가 그리스도 안에서 최종적으로 계시될 것을 고대했다고 이해했다. 성경을 총망라하는 총체적인 신학을 제시하려는 칼뱅의 의지는 바울이 사용한 다양한 주제를 신학의 전 지형으로 확대하게 만들었으며, 그 이후부터 개혁주의(칼뱅주의) 전통의 그리스도교적 문화에 엄청난 영향을 끼쳤다.

칼뱅은 루터의 은혜와 칭의에 관한 혁명적인 사상을 대부분 수용했지만, 자신만의 고유한 강조점도 가미했다. 그는 칭의의 은혜 뒤에 "성화"의 은혜(바울이 사용한 다른 용어)를 추가했는데, 그가 강조한 이 "거룩함"(holiness)—그리스도인의 삶에 점진적으로 나타나는 훈련된 모습—은 영적 성장이라는 길을 여행하는 신자의 삶에 큰 의미를 부여해주었다. 로마서 9장과 아우구스티누스의 후기 작품에 근거하여 칼뱅은 신자들에게 강한 확신을 주려는 의도 하에 고안된 강력한 택정(election, 선택) 교리를 발전시켰는데, 이 교리는 종종 신자들이 자신들이 택정받았다는 "표징"을 초조하게 찾도록 부추기기도 했다. 이 칼뱅주의적 강조점들이 과연 실제로 그리고 얼마나 "개신교 직업윤리"와 자본주의 발흥(막스 베버의 그 유명한 논제처럼)에 이바지했는지는 아직도 논란의 여지가 남아 있다. 하지만 영국 개신교와 향후 미국 개신교 영성의 핵심 요소였던 청교도적인 자아성찰, 일상의 영성 훈련, 영적 성장에 대한 관심 등은 이 칼뱅의 바울 해석의 직접적인 후예라는 점에는 의심의 여지가 전혀 없다.

종교 개혁에 수반된 정치적 긴장은 개혁자들로 하여금 교회와 국가가 어떤 관계를 유지해야 하는지에 대해 새로운 질문을 던지게 만들었고, 이 문제에 있어서도 바울의 유산은 상당히 중요한 역할을 담당했다. 로마서 13장에서 바울은 모든 권세가 하나님에 의해 주어졌다는 사실에 근거해 그리스도인은 "주어진 권세"에 절대적으로 복종해야 한다는 것처럼 보이는 요지로 이야기한다. 루터에게 이 진술은 군주들이 복음 전파를 반대하지 않는 한 그들의 권위를 인정하라는 의미로 받아들여졌다. 그는 그들이 법을 제정하고 집행하는 것을 하나님이 그들에게 주신 의무라고 여겼고 정치적인 권위는 신자들의 심령 속에서 역사하시는 성령의 통치와는 전혀 다른 영역에 있다고 보았다. 따라서 그는 (훨씬 더 극단적인 종교개혁파들의 지지를 받던) 급진적인 사회적 변화는 거부하면서도 농민 봉기(Peasant's Revolt)에 대한 진압은 지지했다. 그의 "두 왕국" 교리는 자주 루터주의자들을 정치적 정적주의(political quietism)로 이끌었으며 제3제국(the Third Reich[히틀러 치하의 독일—역자 주]) 시대에는 치명적인 결과를 초래했다. 한편 다른 정치적 상황에 처해 있던 칼뱅은 교회와 국가 간에 보다 더 통합된(비록 아직 차별화되긴 하지만) 관계가 필요하다고 제안했으며 그는 자신이 살게 된 도시 제네바를 "경건한 사회"로 만들고자 노력했다. 그가 보인 모범은 다른 개혁주의적인 정치 실험에 영감을 주었는데(예를 들어 스코틀랜드, 미국, 남아프리카 등에서) 그중에서도 로마서 13장에 대한 해석은 개신교적 사회 질서를 정당화하는 데 중심적인 역할을 담당했다.

바울의 영향력은 지난 500년의 개신교 역사에서 커다란 파장을 일으켰다. 종교개혁의 여러 갈등으로 인해 증폭된 바울의 호전성은 수많은 내부적 균열을 조장하면서 개신교 안에 자리 잡게 된 논쟁 정신을 확산시켰다. 이렇게 각자 갈라지는 분열 운동은 진리를 위해 외롭게 싸우는 전사라는 바울의 자화상으로부터 많은 영감을 받았다. 이와 동시에 개신교 신학의 격렬함과 유연성은 계몽주의와 그 여파에 대응하려는 서구 신학의 몇몇 야심찬 시도를 적극적으로 뒷받침해주었다. 페르디난트 크리스티안 바우어, 프리드리히 슐라이어마허, 아돌프 폰 하르나크, 칼 바르트, 루돌프 불트만 등은 지난 2세기 동안 등장한 개신교 신학자 가운데 가장 유명한 인물로 손꼽히며 이들은 각기 서로 상반된 방식으로 성령, 믿음, 자유, 은혜 등과 같은 바울의 핵심 주제를 재활성화하는 데 한몫을 담당했다. 이와 동시에 목회자들이 충분한 교육을 받고 신자들도 성경을 직접 (각자의 모국어로) 접하게 하려는 개신교의 노력은 개신교 교회의 삶 속에서 바울과 치열하게 교감하는 분위기를 조성했다. 풍부한 주석서와 긴 설교 그리고 날마다 이루어지는 개인적 성경공부 훈련은 모두 이 개신교 전통의 고유한 특징으로 자리 잡게 되었다. 비록 이론적으로는 개신교의 관점에서 성경 전체를 읽는다곤 하지만, 다른 나머지 성경에 비해 바울의 편지들이 기형적으로 우위를 차지했던 것도 사실 부인하기 어렵다.

또한 교회 질서에 대한 종교개혁적 혁명은 바울 서신에 나타난 교회 지도자 및 교회 구조에 관한 내용에 집중하도록 만들었다. 물론 서신에 담긴 다양한 내용은 서로 다른 유형의 교회가 탄생하는 것을 억제하기에는 역부족이었다. 교회 직분의 계급 제도, 즉 감독, 장로, 집사 제도를 선호하는 이들은 목회 서신에 더 많은 관심을 보였고, 바울의 다른 편지들은 보다 더 유동적인 리더십 형태를 선호하는 이들의 관심의 대상이 되었다. 특히 방언을 비롯한 성령 은사에 관한 바울의 가르침(고린도전서 12-14장)은 오순절주의나 은사주의 계통의 개신교 전통에 엄청나게 큰 영향을 끼쳤다. 공동체의 각 구성원이 성령의 은사를 서로 공유하는 공동체의 이미지는 사제의 특권에 반감을 가지고 있던 개신교만의 강렬한 특징으로 남게 되었고 "만인 제사장주의"가 오히려 더욱 강조되었다.

우리가 이미 살펴본 대로 개신교 종교개혁자들은(아우구스티누스를 따라) 바울의 은혜 신학에 특별한 지위를 부여했으며 이 주제는 그 이후로부터 개신교 영성을 심화시키는 데 크게 기여했다. 개신교 신자들은 아무 자격이 없는 죄인들에게 주어진 은혜, 곧 그리스도 안에서 주어진 하나님의 사랑에 대한 깊은 개인적 감사를 느끼고 표현하도록 교육을 받았다. 이 감사는 개신교 예전(예를 들어 성공회 기도서)과 개신교 교회 음악(바흐의「수난곡」에서부터 찰스 웨슬리의 찬송가에 이르기까지)을 통해 풍성한 감성과 상상력을 자극하며 지금까지도 지속적으로 울려 퍼지고 있다. 존 뉴턴이 지은 찬송가 가사—"나 같은 죄인 살리신 주 은혜 놀라워"—는 1779년에 작사된 이래로 많은 사랑을 받고 있다. 한 개인이 겪은 극적인 변화의 생생한 경험에서 흘러나오는 이 깊은 개신교 감성은 바울의 회심과 그가 경험한 하나님의 무조건적인 사랑을 모델로 삼고 있다. 사회 계급과 인종적 장벽을 뛰어넘는 이 단순하고도 단도직입적인 메시지의 능력은 감리교 운동 및 아프리카계 미국인의 깊은 영성과 정치적 증거에서 생생하게 드러났다. 이와 동시에 지구 전체를 뒤덮은 개신교 선교 운동은 이러한 개인의 회심에 대한 바울적-개신교적 기대에 크게 영향을 받았다. 그의 서신에 대한 해석이 모두 그렇듯이, 현대 복음주의의 바울 해석이 그 초점에 있어서 상당히 선별적이긴 하지만, 전 세계적으로 복음주의 그리스도교가 폭발적으로 성장하게 된 데는 바울적인 요소가 크게 작용했다고 해도 과언이 아닐 것이다. 어느 복음주의 교회에 들어가더라도—그 교회가 주류 교단이든 아니든 간에—우리는 속죄를 위한 그리스도의 죽음, 값없이 주시는 하나님의 은혜의 선물, 성령의 능력, "나를 위한" 하나님의 사랑 등 바울이 다룬 주제를 듣기 마련이다. 결론적으로 바울은 표면 위에 드러나 있든 아니든 간에 수억여 명의 현대 그리스도인들의 영성 속에 지금도 살아 숨 쉬고 있다.

9장

유대교 - 그리스도교 관계 안에서의 바울

살아생전부터 지난 과거의 역사 속에서 바울이 그의 동족 유대인들과 맺었던 관계는 지속적으로 논란의 대상이 되었을 뿐만 아니라 깊고도 심각한 문화적·정치적 중요성을 내포하고 있다. 바울은 자기 자신을 "유대인"으로 묘사했을 뿐, 단 한 번도 "그리스도인"으로 표현한 적이 없다. 사실 이 용어는 당대에 고안된 것은 아니었다. 그럼에도 그의 편지들은 첫 4세기에 걸쳐 유대인 공동체들과 점차적으로 분리되어나갔을 뿐만 아니라 유대주의로부터 자각적으로 차별화를 시도해나갔던 그리스도교 교회 안에서 대대적인 환영을 받았다. 그 기간 동안은 물론 그 이후에도 유대인들과 "유대주의"에 대한 바울의 다양하고도 엇갈리는 생각은 그리스도인들과 유대인들의 관계가 상당히 껄끄러운 관계로 발전하는 데 중요한 역할을 담당했다. 유럽의 반(反)유대주의의 역사와 유대인 대학살로 나타난 그 끔찍한 상황의 절정은 최근에 진행된 모든 바울 해석의 맥락을 형성할 뿐 아니라 이 주제가 도덕적으로도 매우 시급한 문제임을 강력하게 시사해준다.

바울의 편지 안에는 그가 자신의 과거 유대인 이력을 부정하는 듯 보이는 본문도 있는가 하면 자신의 유대적인 성장 과정과 그리스도 안에서 새롭게 얻은 현재의 신분 간의 극명한 대조를 나타내는, 즉 후대의 관점에서 보면 "유대교"와 "그리스도교" 간의 분명한 구별을 미리 예시하는 듯 보이는 본문도 있다. 그는 자신이 전에 교회를 박해했던 이유를 유대 율법에 대한 열정으로 설명하면서(갈라디아서 1장과 빌립보서 3장) "내가 이전에 유대교에 있을 때에 행한 일"(갈라디아서 1:13)에 대해 한 차례 언급한다. 그는 자신이 생각했던 유대교적 가치의 상징들을 열거하면서 그것들은 "내 주 그리스도 예수를 아는 지식의 가장 고상함"에 비하면 아무런 가치가 없다고 선언한다(빌립보서 3:8). 그는 "현재의 예루살렘"을 노예제도 및 이스마엘과 결부시키면서 그리스도 안에서 자유를 얻은 이들을 이삭과 같이 아브라함의 진정한 상속자로 간주한다(갈라디아서 4:21-5:1). 바울은 "주 예수와 예언자를 죽이고" 자신의 선교를 방해함으로써 하나님의 진노를 산 유대인들에 관해서도 이야기한다. 그는 "하나님의 진노"가 "끝까지 그들에게 임했다"고 선언한다(데살로니가전서 2:14-16). 이 언급은 기원후 70년 이전에 기록된 것이지만, 역사를 되돌아보면 이 언급이 유대인 반란의 막바지에 일어난 로마의 예루살렘 성전 파괴가 유대 민족에 대한 하나님의 최종적 심판이었다는 초기 그리스도인들의 보편적인 견해를 뒷받침하는 데 어떻게 활용될 수 있었는지를 쉽게 보여준다.

또한 이와 동시에 바울이 유대인들에 대한 염려를 열정적으로 표현하면서 그들을 자기 동족으로 여기는 본문들도 있다. 그는 이스라엘의 특권들을 열거하며(로마서 9:1-5) 그들의 구원을 위해 열심히 기도한다(로마서 10:1). 실제로 그는 우리에게 잘 알려진 한 본문에서 하나님의 자비가 나타날 비밀스러운 미래를 내다보면서 "온 이스라엘이 구원을 받으리라"(로마서 11:26)고 선언한다. 비록 그동안 이 진술이 상당히 다양한 방식으로 해석되어오긴 했지만 말이다. 할례와 같은 유대 관습들은 때로는 무효가 된 듯 보이기도 하고, 때로는 상대화된 듯 보이기도 하고, 또 때로는 긍정적으로 보이기도 하며, 또 때로는 "마음의 할례"

처럼(로마서 9:22) 영적으로 해석될 때도 있다. 다른 문제의 경우와 마찬가지로 바울은 이 문제와 관련해서도 "모든 사람에게 모든 모양의 사람"이 될 수 있었다(고린도전서 9:22). 해석의 역사가 잘 보여주듯이, 그의 유산은 서로 엄청나게 다른 해석을 모두 수용할 수 있을 정도로 충분히 모호하다.

바울은 사람이 "율법의 행위"로는 결코 의롭다 함을 얻을 수 없다고 선언했는데, 오늘날 이 사실은 이러한 다양한 해석의 대표적인 예가 되고 있다. 초기 교회에서는 "율법의 행위"를 유대인들의 의식 행위(ritual practices)로 해석하는 것이 보편적이었는데, 바울은 이것들이 그리스도가 오신 이후에는 모두 폐지되었다는 주장을 근거로 이를 거부했다. 따라서 오리게네스(185-254년경)와 히에로니무스(342-420년경)는 바울의 비판적 견해를 유대인의 제사, 안식일 준수, 음식법, 할례 등 "새 언약"에 의해 대체된 "옛 언약"의 규정들에 관한 것(고린도후서 3:6)으로 이해했다. 때로는 유대교와 경쟁 관계에 있으면서도 점차적으로 차별화가 이루어지던 교회에서 이제 바울은 유대 전통의 종말을 선언하는 인물로 읽히게 되었다. 기원후 70년에 일어난 예루살렘 파괴와 기원후 135년에 발생한 제2차 유대인 반란의 실패는 이러한 독법을 확정 짓는 것으로 받아들여졌다. 이러한 사고 구조 안에서 유대 경전은 아직도 교회 안에서는 "구약성경"으로 읽히고 있었지만, 이제 그 기능은 그리스도를 가리키는 것이 되었다. 종종 바울이 쓴 것으로 알려진 히브리서는 이와 같은 맥락에서 성전 제사의 유대 종교가 그리스도의 최종적이자 완전한 제사로 대체된 사실을 보여주는 것으로 받아들여졌다.

이미 우리가 살펴본 바와 같이 아우구스티누스는 바울의 논쟁을 "행위"를 수반한 "자랑" 즉 하나님 앞에서의 인간의 교만을 겨냥한 것으로 이해했다(7장을 보라). 바울의 신학을 가톨릭교회와 자신의 충돌의 정황으로 재설정한 루터는 "율법의 행위"를 하나님의 호의를 얻는 데 필요한 것으로 오해한 선한 행위로 해석했다(8장을 보라). 그 결과 루터는 "우리 유대인들"과의 논쟁에서 유대교를 "행위에 의한 의"(works-righteousness)와 자기 구원을 추구하는 종교로 해석했다. 초반에는 복음을 올바로 선포하면 유대인들도 복음에 긍정적으로 반응할 것으로 기대했던 루터도 나중에는 환멸을 느끼게 되었고 그가 향후 유대인을 대항하며 쓴 소책자들에서는(수 세기 후에는 제3제국에서 활발하게 회람되었다) 놀라우리만큼 유대인들의 추방과 재산 몰수를 강력하게 주문한다. 유대교에 대한 그리스도인의 고정 관념에는 수많은 뿌리가 있겠지만, 루터의 바울 읽기로부터 영감을 받은 개신교의 가톨릭교회를 향한 신랄한 비판이 유대교를 "율법주의적" 종교로 희화화하는 것을 부추겼다는 사실에는 결코 의심의 여지가 없다. 또한 이러한 현상은 학계에서뿐만 아니라 개신교 평신도들 사이에서도 동일하게 나타났다.

유럽의 계몽주의는 유대교를 폄하할 새로운 원인들을 제공해주었으며 바울을 해석하는 새로운 틀도 제공해주었다. 19세기 초 페르디난트 크리스티안 바우어(1792-1860년)는 바울을 유대교의 "족쇄"로부터 그리스도교를 해방시킨 중심인물로 치켜세웠다. 즉 보편적인 성향의 그리스도교가 민족 종교인 유대교의 특수성을 대체했어야만 했다는 것이다. 바울의 잘 알려진 "영"(성령)과 "육"의 대비는 바우어가 헤겔 학파의 정신(the Spirit)이란 개념을 높이 평가하는 것을 정당화해주었다. 이 개념은 혈통과 예전과 지역이라는 "육적인" 속박을 초월했다. 따라서 유대교는 유럽 문명의 영적 진보를 가로막는 장애물 역할을 했다는 평가를 받는 반면, 자유주의 개신교인들에게 이러한 영적 진보는 그리스도교 영성에 대한 최상의 표현이었다. 유럽의 반(反)유대주의가 성장한 데에는 다양한 원인이 꼽힐 수 있겠지만, 바울에 대한 해석도 신학적인 원인 중 하나로 꼽힌다.

유대인 대학살 이후에는 그리스도인과 유대인의 관계를 비롯해 유대교에 대한 바울의 해석에 근본적인 변화가 요구되었다. 1960년대에 들어서서는 1세기의 바울의 관심사와 16세기의 종교개혁이 당면했던 문제의식 사이에 분명한 구분을 요구하는 새로운 역사적 해석들이 인기를 끌었다. 특히 바울은 개신교 스타일의 "개종"을 경험하지 않았으며 그는 단 한 번도 유대주의에 대한 확신과 소망을 저버린 적이 없다는 주장이 대두되었다. 그가 자신의 "소명"(calling, 갈라디아서 1:15-16)이라고 묘사한 것은 개종이 아니라 위임(commission) 곧 복음을 이방인들에게 전하라는 사도적 사명(vocation, 천직)이었다는 것이다. 그러므로 그는 근본적으로 "유대주의"에서 떠난 적이 없으며 유대인들이 그들의 종교나 관습을 바꾸어야 한다는 기대도 하지 않았다는 것이다. 이로 인해 로마서 9-11장에 나타난 이스라엘을 향한 바울의 소망이 로마서의 부록이 아닌, 그 편지의 핵심으로 새롭게 부상하게 되었다. 그리고 이스라엘의 구원에 대한 바울의 예측이 거기서 그리스도에 대한 믿음과 명확하게 연결되어 있지 않다는 사실은 일부 학자로 하여금 유대인들을 향한 그리스도교 선교가 전혀 근거가 없다는 주장을 하도록 만들었다. 만약 바울이 그 당시에 이방인들(만)을 위한 사도였다면 유대인의 언약은 그리스도에 의해 아무런 영향을 받지 않았을 것이고 유대인의 구원은 그들만의 "특별한 방법"으로 보장되었을 것이다. 유대인들과 그리스도인들 간의 대화와 더불어 바울을 연구하는 유대인 학자들이 점차 증가하면서 과거의 유대교 희화화가 퇴출되기 시작했고, 예수도 유대인이었다는 현대 주장과 맞물리면서 "유대적인" 바울을 재발견하려는 시도가 더욱 활발해졌다.

  오래된 해석 전통에 대한 반응으로 나타난 징조 하나가 바로 고대 유대교 자체에 대한 재평가로 시작된 "바울에 관한 새 관점"이다. 1977년에 출간된 기념비적인 책(『바울과 팔레스타인 유대교』)에서 E. P. 샌더스(Sanders)는 유대교에 대한 오래된 고정 관념들을 뒤집어엎는 데 성공했다. 그는 유대교가 율법 준수에 관심을 둔 것은 "율법주의"나 "행위에 의한 의"의 문제가 아니라 은혜 안에서 하나님에 의해 이미 주어진 언약이라는 틀 안에서 바라보아야 한다고 주장했다. 샌더스는 이 "언약적 율법주의"(covenantal nomism)를 바울 당시의 수많은 유대 문헌을 통해 추적함으로써 바울 시대의 유대교가 성경과 언약에 근거한 신앙을 떠났다는 과거의 주장에 도전장을 던졌다. 사해문서가 발견된 이후부터(1947년부터) 학계에서는 이미 고대 유대교에 대한 새로운 평가가 진행되고 있었는데, 샌더스의 연구는 유대인

대학살 이후 그리스도교의 반(反)유대주의적인 암시에도 매우 예민하게 반응하던 분위기를 더욱 심화시켰다.

"바울에 관한 새 관점"(특히 제임스 던과 N.T. 라이트와 관련된)은 바울을 "종교개혁적인 독법"으로부터 분리시켰으며 바울의 논쟁이 유대교나 혹은 "행위에 근거를 둔" 영성 등 신념에 의한 반대가 아닌, 바울의 이방인 선교라는 역사적 문맥에 근거한 것임을 천명했다. 사실 바울의 관심사는 1세기와 관련된 것이었고 매우 구체적인 것이었다. 그의 이방인 개종자들은 남자의 할례와 같은 어떤 독특한 유대 관습들("율법의 행위[들]")을 따를 필요가 없었다. 왜냐하면 하나님은 아브라함에게 이 세상 **모든** 민족들이 복을 받으리라고 이미 약속하셨기 때문이다. 어떤 의미에서 이것은 인간의 보편적인 성향(유대교에서 "전형적으로" 나타나는)에 강조점을 두기보다는 초기 그리스도교 운동의 인종적·문화적 특성에 관한 역사적 논쟁에 강조점을 둔 아우구스티누스 이전의 관점으로 되돌아가는 것이다(위를 보라). 하지만 그렇다 손 치더라도 이 역사적 논쟁들이 논리적으로 어떻게 해석되어야 하는지는 매우 민감한 문제가 아닐 수 없다. 바울은 과연 "민족적 특권"과 "민족중심주의"의 형태를 공격했던 것일까? 아니면 우리의 이런 시각은 다름이라는 특수성보다는 보편적 동질성을 특별히 (그리고 위험할 정도로) 선호하는 현대적 성향을 반영하는 것일까? 바울은 과연 자신의 유대교 유산과 그리스도 사건의 영향을 전혀 받지 않은 동족 유대인들은 그대로 놔둔 채, 오직 이방인들이 유대 율법을 지키는 것만을 가지고 비판한 것일까? 아니면 이러한 바울 읽기("급진적 새 관점")는 종교적 관용에 관심을 둔 나머지, 그동안 너무 한쪽으로 치우쳤던 부분에 과잉반응을 보이면서 바울 서신이 제시하는 증거와 상충되는 것은 아닐까? 또 아니면 바울이 가치 또는 자격이라는 전통적인 유대적 범주를 상대화시킨 것은 그가 그리스도의 죽음과 부활을 무조건적인 선물로 해석한 데 따른 가치에 대한 그의 광범위한 재평가의 일부로 보아야 할까? 현재 이 문제와 관련하여 학계에서 일고 있는 다양한 의견의 소용돌이는 단지 바울 해석의 다양성뿐만 아니라 종교에 대한 상반된 이념들을 비롯해 그리스도교 전통의 핵심이 무엇인지에 관한 다른 여러 신학적(또는 반[反]신학적) 담론을 대변해준다.

    논쟁은 아마도 계속될 것이다. 이것은 단지 그리스도교가 유대교에 대한 오랜 적대감을 척결해야 할 필요성 때문만이 아니라, 앞으로도 바울의 편지들이 계속 수많은 논쟁에 불을 지필 연료를 듬뿍 담고 있기 때문이다. 어쩌면 오늘날 유대교-그리스도교의 관계를 결정짓는 책임을 한 몸에 지고 있는 바울의 본문들은 그 무게를 스스로 지탱하기엔 너무 버거울 수 있으며, 이 문제에 대한 바울의 언급을—현대인이 받아들일 수 있건 말건 간에—단순히 1세기로 되돌려보내 거기에 그대로 놔둔다면 이 논쟁의 열기는 분명 줄어들 것이다. 하지만 그리스도인들이 이 문제들에 대한 조언을 얻기 위해 똑같이 모호하고 어색한 요한복음과 더불어 지속적으로 바울을 찾으리라는 것은 불보듯 뻔한 일이다. 그들이 지속적으로 그렇게 하는 한, 바울의 해석에 대한 관심은 계속 높은 수준을 유지하게 될 것이다. 우리가 살고 있는 다문화 세계에서는 "바울과 유대교"라는 논제가 어떤 면에서는 "그리스도교와 타종교"라는 보다 더 일반적인 논제를 우회적으로 다루는 "대용품"(proxy)일 수도 있지만, 유대교와 그리스도교의 관계는 역사적·신학적 차원에서 항상 무언가 독특한 면을 내포하고 있을 가능성이 높다. 바울은 앞으로도 계속 논란이 많은 1세기의 목소리로 남아 있을 것이며, 그의 경전적 지위는 그로 하여금 판이하게 다른 세상을 살아가는 현대의 독자들을 지속적으로 도전하며 교훈하고 그들의 사고 체계를 뒤흔드는 일을 꾸준히 해나가도록 할 것이다.

10장
◇
사회-문화적 비평가로서의 바울

바울의 신학은 극단적인 양극성으로 가득 차 있다. 예를 들면, 강함과 약함, 부와 가난, 자유와 예속 등을 꼽을 수 있다. 더 나아가 바울은 자주 이런 상반된 개념들을 놀라우리만큼 역설적인 방식으로 대치한다. "내가 약한 그때에 강함이라"(고린도후서 12:10). "부요하신 이[그리스도]로서 너희를 위하여 가난하게 되심은 그의 가난함으로 말미암아 너희를 부요하게 하려 하심이라"(고린도후서 8:9). "내가 모든 사람에게서 자유로우나 스스로 모든 사람에게 종이 된 것은"(고린도전서 9:19). 이러한 역설들은 단순히 언어유희(말장난)가 아니다. 이 모든 것은 이미 정해진 용어의 의미를 뒤섞고, 가치의 정상적인 순위를 뒤집으며, 현실을 이례적인 각도에서 봄으로써 새로운 의미 구조를 드러내는 바울의 특별한 능력을 보여준다. 그가 물려받은 전통이 이 세상을 "유대인"과 "헬라인"으로, 그리고 "할례받은 자"와 "할례받지 못한 자"로 구분하는 상황에서 바울은 "할례나 무할례가 아무 것도 아니로되 오직 새로 지으심을 받는 것만이 중요"(갈라디아서 6:15)하다고 선언한다. 이러한 새로운 비전은 모든 것을 폭넓게 볼 수 있게 해준다. "너희는 유대인이나 헬라인이나 종이나 자유인이나 남자나 여자나 다 그리스도 예수 안에서 하나이니라"(갈라디아서 3:28). 이 진술은 계층화된 지위 및 가치로 이루어진 로마 사회에 대한 급진적인 도전처럼 들린다. 바울은 고린도 교회의 개종자들에게 그들의 하찮은 본래 사회 계급을 상기시키면서 다음과 같이 선언한다.

그러나 하나님께서 세상의 미련한 것들을 택하사 지혜 있는 자들을 부끄럽게 하려 하시고, 세상의 약한 것들을 택하사 강한 것들을 부끄럽게 하려 하시며, 하나님께서 세상의 천한 것들과 멸시 받는 것들과 없는 것들을 택하사 있는 것들을 폐하려 하시나니, 이는 아무 육체도 하나님 앞에서 자랑하지 못하게 하심이라(고린도전서 1:27-29).

이 선언은 사회 질서에 대한 새롭고, 심지어 혁명적인 시각을 제공해줄 만한 강력한 힘을 가지고 있다.

지난 몇 세기 동안 바울의 신학 안에서 나타난 이러한 급진적인 성향은 자신들의 문화적 유산을 재상상하고 재구성하려는 이들을 매료시켰다(또는 물리쳤다). 프리드리히 니체(1844-1900년)는 예수의 가르침을 왜곡시켰다며 바울을 고발했다. 그는 바울이 모든 "고상한" 것에 맞서 약한 자의 편에 서게 하는 "노예 도덕성"(slave morality)을 가지고 그리스도교를 분노와 미움의 종교로 만들어버렸다고 주장했다. 한편 칼 바르트(1886-1968년)는 바울의 신학에서, 그리고 특히 로마서에서 자신들의 "종교"와 "윤리"를 문명의 최고 업적으로 치하하고 자유주의를 통해 제1차 세계대전을 허용한 유럽의 허구적인 교만을 치유할 필수 해독제를 발견했다. 바르트에 의하면 바울이 가장 중요하게 생각한 것은 하나님과 인류 사이에 존재하는 "무한한 질적 차이"였다. 이 차이는 인간의 어떤 업적이나 능력으로도 그 격차를 메울 수 없고 오직 하나님의 은혜만이 그 간격을 드러낼 뿐만 아니라 그 둘을 잇는 가교 역할을 할 수 있다. 따라서 인간의 능력과 교만에 대한 바울의 비판은 사회적 또는 정치적 의제에 근거한 것이 아니라 하나님의 "하나님 되심"을 신학적으로 인정하는 데 근거한 것이다. 그럼에도 불구하고 히틀러에 대한 충성을 거부했던 "고백 교회"에서 바르트가 지도자적인 역할을 한 사실은 그의 신학이 얼마나 정치적으로 커다란 영향력을 행사했는지를 잘 보여준다.

이보다 더 최근에는 다수의 유럽 철학자(야콥 타우베스[Jacob Taubes], 조르조 아감벤[Giorgio Agamben], 슬라보예 지젝[Slavoj Žižek], 스타니슬라스 브레튼[Stanislas Breton], 알랭 바디우[Alain Badiou] 등)가 바울이 현대 서구 세계의 정치적·문화적 맹관(盲管, cul-de-sacs)을 뚫고 새로운 가능성을 상상할 수 있게 해줄 수 있는 사상가임을 "재발견"했다. 예를 들어 바디우(1937년생)는 자기 자신을 바울의 종교적인 신념과 분리시키면서도 바울을 절대적인 **사건** 안에서 세워진 진리(바울에게는 그리스도 사건 안에서의 하나님의 은혜)에 주목한 위대한 인물로 칭송한다. 바디우에 의하면 글로벌 자본주의라는 거짓된 보편주의가 아니면서도 문화적 특수성과 정체성 정치(identity politics)의 분열 효과로부터 자유로운 그런 유형의 "보편주의"가 이 사건으로부터 나온다. 바디우는 이를 통해 바울의 "세속화된" 버전의 은혜 신학을 제시하지만, 그 안에는 사회·문화적 차이점들을 무시하지 않으면서도 그것을 뛰어넘는 능력이 있음을 인정한다. 바디우에게 있어 바로 이 사건에 의해 재건된 이들이 선언하는 진리는 그들의 문화·사회적 특수성을 긍정하지도 부정하지도 않는다. 이 진리는 오히려 그것들을 "대각선으로" 가로지른다. 이 해석을 따르면 바울의 급진적인 잠재력은 사람들을 한 사회적 조건에서 다른 사회적 조건으로 옮기는 새로 구획된 공동체 안에 있다기보다는, 예측 불가능한 결과들과 더불어 모든 사회적·문화적 조건에 "구애받지" 않는 능력 안에 있다.

바울이 어떤 이들을 매료시킬 수 있다면 또한 그는 급진적인 사회를 추구하는 이들을 실망시킬 수도 있다. 이런 실망은 전형적으로 바울이 현대적이며 자유주의적인 입장을 대변하리라는 시대착오적인 발상에서 비롯된다. 바울과 현대성 간의 이러한 잠재적 불협화에 대한 교과서적인 예는 바로 노예제도 문제인데, 바울의 편지들은 18-19세기에 걸쳐 진행된 논쟁에서 **양쪽** 편 모두에 의해 폭넓게 원용(援用)되었다. 한편으로 노예제도 옹호자들은 주님이신 예수를 경외하는 마음으로 범사에 주인에게 복종하라고 가르치는 바울 서신의 가정생활 규범을 인용하곤 했다(골로새서 3:20-25). 따라서 노예 소유자들은 바울을 좋아했고, 노예인 오네시모가 그리스도인이 되었지만 바울이 그를 그의 주인에게 돌려보내는 내용이 나오는 빌레몬서를 자주 인용했다. 하지만 이 동일한 편지는 노예제도를 반대하는 이들에 의해서도 인용되었다. 왜냐하면 바울은 오네시모를 돌려보내면서 그를 "이후로는 종과 같이 대하지 아니하고 종 이상으로 곧 사랑받는 형제로 둘 자"(빌 16)로 묘사하고 있기 때문이다. "형제"라는 범주를 사용한 이 구문은 계몽주의적인 관점에서 노예들을 동료 인간—같은 인간으로서 존엄성과 인권을 소유한 "형제"와 "자매"—으로 재분류할 수 있는 명분을 제공해주었다. 이 길고 복잡다단했던 논쟁을 통해 한 가지 분명해진 사실은 이제 바울을 노예 해방을 옹호한 인물로 무조건 인용할 수 없다는 것이다. 그는 노예와 자유인의 지위를 상대화시키면서도(고린도전서 7:17-24) 우리가 최종적으로 도달한 결론처럼 모든 형태의 노예제도를 무조건적으로 악한 것으로 보지 않았다. 이제 와서 과거를 다시 회상해보면, 우리는 우리 자신의 사회적 관점을 그에게 전가(impute)하여 노예 해방에 대해 그가 취했던 그의 침묵을 일종의 정치적 실용주의로 치부하고 그에게 면죄부를 주고 싶은 충동을 수없이 받아온 것이 사실이다. 그가 자신의 진정한 견해를 밝혔더라면 아마도 그는 갓 태어난 그리스도교 운동을 큰 위험에 빠뜨렸을 것이라면서 말이다. 그런 관점에서 바라보면 그는 결국 1800년이 지난 후에야 비로소 꽃을

피우게 될 "씨앗을 심은" 셈이다. 하지만 좀 더 솔직하게 말하자면, 바울은 사법적 자유를 절대적 선으로 본 것이 아니라 오직 그 자유가 그리스도를 더 온전히 섬길 수 있게 해줄 경우에 한해서만 유익한 것으로 보았다. 또한 그는 사회적 신분의 차이를 완전히 제거해버리지는 않더라도 그 차이를 완화시킬 수 있는 방식으로 사회 계급의 보편적 의미를 약화시켰다.

이와 유사한 문제점은 성별(gender) 및 성 개념(sexuality)과 관련해서도 나타났다. 이 두 경우에서 모두 바울은 어떤 측면에서 볼 때에는 상당히 급진적이었지만, 현대적인 관점에서 볼 때에는 그리 "진보적"이지 않았다. 성별(gender)과 관련하여, 노예들에게 각자의 주인에게 복종할 것을 가르친 가정 생활 규범은 동일하게 각자 자기 남편에게 복종할 것을 아내들에게 가르친다 (골로새서 3:18; 에베소서 5:21-33). 더 나아가 여자들은 잠잠하고 가르치지 말라는 디모데전서의 명령의 배후에는 바울의 권위가 자리 잡고 있다(디모데전서 2:8-15). 현대에 들어와 이 편지들은 비판적 평가를 통해 "친서"(親書)와 "제2 바울 서신"으로 구분되면서 학계에서는 "원 바울"과 거리를 두게 되었지만, 바울의 이름과 정경적 지위 때문에라도 대부분의 그리스도인들은 아직도 성별 문제에 관한 올바른 질서 확립의 목적을 위해 이 편지들을 인용하고 있다. 다른 본문들의 상황은 조금 더 복잡하다. 뵈뵈와 브리스가를 비롯한 다른 여성 인물들은 바울에 의해 교회 리더십에서 중요한 위치를 차지하는 것으로 부각된다(로마서 16장). 비록 다수의 번역본에 의해 유니아스라는 남자로 오역되고 있지만, 유니아는 심지어 "사도들 중에 뛰어난 사람"으로 묘사된다(로마서 16:7). 성별과 관련하여 바울이 가장 편향적으로 다룬 본문에서 여자들은 창세기 2-3장에 근거하여 남자들과 구별된다. 그런데 여기서는 "선천적인" 위계 질서가 여자들이 머리를 가리는 관습을 정당화하기 위한 방편으로 사용된다(고린도전서 11:2-16). 바울은 이 본문을 포함한 다른 본문에서 여자는 남자에게 종속되어 있다는 고대의 보편적인 기준을 전제한 것으로 보인다. 물론 이런 해석은 지난 긴 역사 속에서 대부분의 해석자에게 쉽게 받아들여졌으며 오늘날까지도 어떤 이들에게는 전혀 문제가 되지 않는다.

  근래에는 바울이 여성 리더십을 인정하는 대목에서와 위에서 인용한 갈라디아서 3:28의 "남자와 여자가 (차이가) 없다"라는 진술에서 보다 더 급진적인 해석의 가능성이 발견되었다. 이 구절은 종종 "남자도 여자도 없다"로 잘못 번역되곤 한다. 이 구절은 종종 성별의 차이를 상대화하는 일종의 성별 무용론

(gender blindness)을 대변하기도 하지만, 이 진술은 전통적으로 높은 가치를 부여했던 결혼의 가치를 약화시키는 등 상당히 다른 의미로도 읽혔다(이 구절은 창세기 1:27의 "남자와 여자를 창조하시고"를 암시하면서도 이와 상반되는 것으로 보인다). 바울의 성별(gender)에 관한 언급 중에서 가장 급진적인 선언은 현대 세계에서 결코 환영받지 못할 구절에서 발견된다. 고린도전서 7장에서 그는 독신주의를 결혼보다 더 우위에 놓는다. 그 이유는 (남자나 여자나) 매이지 않은 사람이 그리스도가 원하시는 일에 온전히 집중할 수 있기 때문이다. 여기서 우리는 다시 한번 바울의 신학이 우리가 성 개념과 성별(gender)에 관해 당연하게 받아들이는 전제들을 뒤엎을 수 있는 힘을 소유하고 있음을 보게 된다. 물론 그의 신학은 "가족의 가치"(family values)를 높이 평가하는 보수적인 입장을 대변하지도 않고, 성적 자유와 개인의 자주성을 추구하는 진보적인 입장을 옹호하지도 않는다.

바울의 유산이 전통적인 관습과 보수적인 대의명분을 대변하는 데 가장 자주 활용되어왔다는 사실은 부인할 수 없다. 동성애에 관한 오늘날의 논쟁에서 로마서 1:26-27에 기록된 바울의 진술들은, 비록 이 진술들의 정확한 의미와 그것들이 그의 폭넓은 신학에서 차지하는 위치가 아직도 큰 논란의 대상이 되고 있긴 하지만, 보수적인 그리스도교 윤리의 핵심적인 증거임에는 틀림이 없다. 한편 정치적인 차원에서, 로마서 13장에 등장하는 그의 포괄적인 선언은 대체적으로 정부의 권위에 순종하라고 부추겨온 것이 사실이다. "각 사람은 위에 있는 권세들에게 복종하라. 권세는 하나님으로부터 나지 않음이 없나니 모든 권세는 다 하나님께서 정하신 바라"(로마서 13:1). 이 본문은 심지어 제3제국과 남아프리카의 인종 차별(apartheid) 정권과 같이 억압적인 정부들에게 저항하는 것조차 억제했다. 오늘날의 "탈식민주의적인" 바울 읽기에서는 사회적으로 체제전복적인 측면이 더욱 드러나는 그의 생각들이 더 크게 주목을 받고 있으며, 그가 신자들에게 그리스도께 대한 전적인 충성을 기대한 것으로 미루어보아 그의 편지 안에는 어떤 "숨겨진 각본"(hidden transcript)이 있는 것이 아니냐는 의구심을 불러일으키기도 한다. 즉 이 숨겨진 각본에 따르면 그가 "예수는 주님이시다"라고 선포한 것은 "그러니까 카이사르는 주가 아니다"라고 속삭이기 위함이었다는 것이다. 물론 이런 모든 판단에는 바울이 우리의 현대적 정치 의제를 대신 숙고하고 대변해주기를 바라는 우리의 희망 사항(wishful thinking)이 담길 위험이 다분히 들어 있는 것도 사실이다.

이러한 예들은 해석학의 기본 원칙을 잘 보여준다. 본문들은 (평소 우리가 "성경은 이렇게 말한다"라고 말하듯이) 단순히 무언가를 "말하지" 않는다. 오히려 본문들은(성경 본문들에게도) **인간 해석자들**에 의해 목소리와 영향력이 **주어지며** 이들은 자신들의 사회적 위상과 자신들의 문화적 또는 정치적 의제에 따라 불가피하게 본문들을 선별하고 우선순위를 매기며 담론화한다. 이러한 과정은 바울이 말한 것을 단순히 "반복"한다고 말할 수 없는 해석자에게 엄청난 책임을 지운다. 그런데 이 책임은 바울의 편지와 같이 다의적인 본문의 경우에는 더더욱 막중하며 중요하다. 바울의 개별 편지조차도 사회적·정치적인 문제와 관련해서는 한 가지 이상의 방향으로 들릴 수 있고, 바울의 저작으로 여겨지는 열세 편의 편지를 모두 하나로 묶으면(더 거대한 정경적인 문맥은 차치하더라도) 이 본문들의 모호함은 더욱 증폭되며, 이에 따른 해석자의 창의적인 해석의 여지는 더욱더 커지기 마련이다. 바울의 유산에 대한 논의가 오늘날에도 지속되고 있는 가운데 우리는 그의 편지들을 신중하게 읽을뿐더러 그 의미가 우리의 현재 정황에도 올바르게 **전달**되도록 최선을 다할 필요가 있다. 또한 우리는 바울이라는 인물이, 좋든 싫든 간에, 정치적으로 우리의 "보수주의적" 혹은 "자유주의적" 성향에 꼭 들어맞지 않을 수도 있다는 것을 인정할 필요가 있다. 바울은 나름대로 장단점을 가지고 있으며 그의 생각은 **우리가** 기대하는 바대로 자유, 평등, 관용 등과 같은 가치와 항상 부합하지는 않는다. 더 나아가 그의 신학적 관점은 우리가 일반적으로 인종, 부, 성별, 지위 등과 같은 문제에 부여하는 고귀한 의미를 모호하게 만들며 약화시키는 경향이 있다. 모든 정체성을 그리스도께 속함이라는 숭고하고 유일한 선(善) 아래 두면서 상대화시키는 것은 궁극적으론 아무런 의미가 없고 오로지 현재 상태(status quo)를 그대로 유지하는 결과만을 초래할 수밖에 없다. 역사가 이미 우리에게 보여주듯이 그것은 또한 여성 폄하, 노예의 비인격화, 모든 인종에 대한 인종 차별 등 참담한 불의를 불러일으킬 수 있다. 한편, 이전의 "가치"(worth)는 무시하고 하나님이 주신 새로운 가치와 정체성을 부여하는 은혜의 전복적인 효과는 전통과 계급의 구조를 유연하게 만들 수 있다. 그것은 사회적 경계선을 뛰어넘어 충성심과 의무감을 새롭게 정비한 바울의 혁신적인 공동체와 같은 사회적 실험들을 가능하게 해준다. 역사가 이미 우리에게 보여주듯이 이것은 평등한 사회로 나아가는 추진력, 곧 사회에 널리 퍼진 고정 관념과 민족, 인종, 또는 국가라는 전제주의적인 주장에 항거하는 독립적인 정치 사고

로부터의 탈피를 이끌어낼 수 있다. 어쩌면 우리의 통상적인 의제와 잘 부합하지 않는 바울의 모습이 아직도 그를 우리의 사회적·정치적 담론에는 거슬리지만 우리에게 유용한 인물로 남게 하는지도 모른다.

우리가 1장에서 이미 살펴보았듯이 바울은 맨 처음부터 논란이 많은 인물이었고, 그 논란은 그의 가치를 가늠하고 그의 편지들을 해석하는 차원에서 오늘날까지도 지속되고 있다. 하지만 사람들에게 잊히는 것보다는 논란의 대상이 되는 편이 훨씬 더 낫다. 물론 서구 세계가 그리스도교의 유산과 점점 멀어지게 되면서 바울도 점차적으로 사람들에게 친숙하지 않은 인물이 되어갈 것이다. 그는 그의 신학적 신념에 동의하지 않는 이들에게는 먼 옛날에 살았던 공격적이며 권위적인 인물로, 그리고 현대인의 감각과 거리가 먼 태도를 취한 인물로 비칠 것이다. 하지만 이와 동시에 그는 서구 문화 유산과 결코 떼려야 뗄 수 없는 한 부분으로서 항상 우리를 따라다니면서도 세상을 아주 독특한 시각으로 바라보는 습관을 가진 아주 귀찮으면서도 또한 매력적인 인물로 우리 곁에 남아 있다. 그래도 아직 교회가 사라지지 않고 남아 있고 심지어 더욱 성장세를 보이고 있는 곳에서는 (오늘날 비서구 세계에서처럼) 앞으로도 바울의 영향력은 그의 정경적 지위의 옷을 입고 지속될 것이 분명하다. 한편 대중적 차원에서는 바울 서신의 해석학적 난해함(논쟁의 복잡성과 역사적 불투명성)으로 인해 그의 영향력은 수 세기에 걸쳐 많은 이들의 사랑을 받아온 "유명하고 화려한 본문들"(purple passages, 고린도전서 13장의 사랑장과 같은)로 국한될 수 있다. 하지만 그리스도교 신학이 정경과 지속적으로 대화를 이어가는 한, 그 신학은 바울의 메시지를 새로운 세대와 각기 다른 문화적 문맥에 맞게 중재하고 설명하는 노력을 멈추지 않을 것이다. 이 목적을 염두에 둔다면 바울의 수사학적·문화적 유연성과 더불어 이것이 만들어내는 모호함은 우리에게 저주가 되기보다는 오히려 축복이 될 것이다. 그의 본문들은 예측하기 어려운 미래의 상황에서 창의적인 번역들과 새로운 해석들을 생성해낼 만큼 충분히 "열려" 있다. 그리고 그의 메시지는 자칭 "좋은 소식"이기 때문에 바울 해석자들은 그 메시지 안에서 새로운 것을 창조하고 사람들을 해방시키며 구원하고 삶을 변화시키는 능력을 더욱더 새로운 방식으로 끄집어낼 것이다.

참고문헌

Allen, Michael and Linebaugh, Jonathan (eds), *Reformation Readings of Paul* (Downers Grove, IL: IVP Academic, 2015).

Badiou, Alain, *Saint Paul: The Foundation of Universalism* (Stanford, CA: Stanford University Press, 2003).

Barclay, John M. G., *Paul and the Gift* (Grand Rapids, MI: Eerdmans, 2015).

Dunn, James D. G. (ed.), *The Cambridge Companion to St Paul* (Cambridge: Cambridge University Press, 2003).

Gaventa, Beverly R., *When in Romans: An Invitation to Linger with the Apostle Paul* (Grand Rapids, MI: Baker Academic, 2016).

Hays, Richard B., *Echoes of Scripture in the Letters of Paul* (New Haven, CT: Yale University Press, 1989).

Harrill, J. Albert, *Paul the Apostle: His Life and Legacy in Their Roman Context* (New York: Cambridge University Press, 2012).

Hooker, Morna D., *Paul: A Short Introduction* (Oxford: OneWorld, 2003).

Horrell, David G., *An Introduction to the Study of Paul*, 3rd edition (London: T&T Clark, 2015).

Meeks, Wayne A., *The First Urban Christians: The Social World of the Apostle Paul* (New Haven, CT: Yale University Press, 1983).

Reasoner, Mark, *Romans in Full Circle: A History of Interpretation* (Louisville, KY: Westminster John Knox, 2005).

Riches, John, *Galatians Through the Centuries*, Blackwell Bible Commentaries (Oxford: Blackwell, 2008).

Sanders, E. P., *Paul: The Apostle's Life, Letters, and Thought* (Minneapolis, MN: Fortress Press, 2015).

Westerholm, Stephen, *Perspectives Old and New on Paul: The 'Lutheran' Paul and his Critics* (Grand Rapids, MI: Eerdmans, 2004).

Westerholm, Stephen (ed.), *The Blackwell Companion to Paul* (Cichester: Wiley-Blackwell, 2011).

Wright, N.T., *Paul: Fresh Perspectives* (London: SPCK, 2005).

단숨에 읽는 바울
바울의 역사와 유산에 관한 소고

Copyright ⓒ 새물결플러스 2018

1쇄 발행	2018년 8월 10일
5쇄 발행	2022년 12월 7일

지은이	존 M. G. 바클레이
옮긴이	김도현
펴낸이	김요한
펴낸곳	새물결플러스

편 집	왕희광 정인철 노재현 정혜인 이형일 나유영 노동래
디자인	박인미 황진주
마케팅	박성민 이원혁
총 무	김명화 이성순
영 상	최정호 곽상원
아카데미	차상희

홈페이지	www.holywaveplus.com
이메일	hwpbooks@hwpbooks.com
출판등록	2008년 8월 21일 제2008-24호
주 소	우) 04118 서울시 마포구 마포대로19길 33
전 화	02) 2652-3161
팩 스	02) 2652-3191

ISBN 979-11-6129-072-0 03230

책값은 뒤표지에 있습니다.